월세 보증금으로 부동산 산다
반값 생활 경매 솔루션
– 사례 편 –

월세 보증금으로 부동산 산다

반값 생활 경매 솔루션

| 사례 편 |

신기선 지음

매일경제신문사

프롤로그

부동산 경매는 기회다

"부동산 경매를 한마디로 요약하면 뭘까요?"

어느 날 한 회원이 이런 질문을 한 적이 있다. 필자는 망설이지 않고 대답했다.

"기회입니다."

부동산 경매는 기회의 창고다. 경매를 통해 자산을 축적할 수 있고, 위기를 극복할 수 있으며, 해박한 법률적 지식을 얻을 수도 있다. 또한 경매로 만난 인맥을 통해 보다 넓은 세상을 바라볼 수도 있다.

일반 매매는 아무리 많은 경험을 해봐도 자신의 지식이 되기 어렵다. 대부분 부동산 중개업자가 과정을 진행하고 법률적인 문제를 검토하기에 매매 당사자들은 필요한 지식을 제대로 습득하기 어렵다. 스스로 고민하는 게 아닌 의존적이란 뜻이다. 반면 부동산 경매는 권리관계, 법률 등 연관된 모든 사항을 직접 해결해야 하므로 본질적인 지식을 습득하는 데 효과가 높다.

'지금은 경매가 대중화됐다는데 경매로 수익을 낼 수 있을까?' 하는 생각으로 사람들은 고민한다. 보통 아직 경매를 잘 모르고 배우지 않은 분들이 이런 고민을 더 많이 한다. 필자는 이렇게 묻고 싶다. 지금 김밥집이 이렇게 많은데 새로 차려서 성공하는 사람들은 왜 그럴까? 결국, 마인드의 차이다. 해보지도 않고 괜한 걱정에 움츠러드는 편협한 마인드로는 더 큰 세상으로 나아갈 수 없다.

부자 마인드로 경매를 바라보자

흔히 부자와 빈자는 돈이 있고 없고의 차이일 뿐이라고 생각한다. 하지만 부자와 빈자를 가르는 기준에서 돈은 미미한 요소일 뿐이다.

《위대한 개츠비》의 소설가 F. 스콧 피츠제럴드(F. Scott Fitzgerald)는 "부유하다는 것은 돈이 많다는 것처럼 단순한 하나의 사실이 아니라, 현실을 바라보는 관점이자 여러 가지 태도의 집합이며 특정한 삶의 방식이다"라고 말했다. 지금 당장 돈이 없어도 부자가 있는가 하면, 돈이 많아도 곧 가난해질 사람이 있다. 로또 당첨자들이 일확천금을 받고도 얼마 못 가 다시 가난해지는 이유는 돈이 없어서가 아니다. 부자의 사고와 삶의 방식을 모르기 때문이다.

 마음을 열고 사물을 보길 바란다. 단점을 찾으려 하지 말고, 장점을 보려고 노력하자. 할 수 없다고 미리 선 긋지 말고, 할 수 있다는 가능성을 높이 평가하자. 경매가 여러분에게 제2의 인생을 안겨줄 수 있는 선물이 될지, 그저 그런 방법으로 스쳐지나갈지는 전적으로 여러분에게 달렸다. 장래 목표를 세운 사람과, 목표가 없이 '되면 좋고 안 되면 말고' 하는 사람의 결과는 확연히 차이가 난다. 그러므로 여러분이 긍정적인 부자 마인드를 지니길 희망한다. 끝으로, 이 책이 여러분에게 할 수 있다는 자신감과 기회를 제공하는 디딤돌이 됐으면 한다.

여러분의 경매를 응원하며
신기선

차 례

프롤로그   부동산 경매는 기회다 **5**

Part 1   성공하는 아파트 낙찰 전략

- **01**   6억 4,000만 원에 낙찰, 8억 2,000만 원에 팔다 **15**
- **02**   경매의 진짜 매력 **19**
- **03**   대형 평수 잘 파는 비법 **22**
- **04**   7억 7,000만 원에 낙찰, 2년 만에 16억 원 되다 **25**
- **05**   초보자는 사람 많은 곳에 가고, 고수는 사람 없는 곳에 간다 **28**
- **06**   말 한마디로 5,500만 원을 벌다 **31**
- **07**   2억 원 보증금을 날린 임차인의 사연 **38**
- **08**   임장할 때는 솔직해지자 **41**
- **09**   정확한 임장이 승부를 가른다 **44**
- **10**   건물의 가치를 증가시키는 리모델링 **47**
- **11**   보고 싶은 것만 보는 실수 **51**

Part 2 현재 모습보다 미래 모습을 보자

- 01 남들이 다니지 않는 뒷길에 꽃길이 있다 **57**
- 02 5,600만 원 낙찰, 2년 후 1억 9,500만 원에 판 상가 **60**
- 03 가치를 만들면 더 높은 수익이 온다 **66**
- 04 토지 낙찰 한 건으로 7억 원의 수익을 벌다 **69**
- 05 경매로 처분하는 것도 기술이다 **73**
- 06 알짜 땅을 싸게 낙찰받는 전략 **76**
- 07 현재 모습보다 미래 모습을 그려라 **81**
- 08 돈 되는 토지 구분법 **84**

Part 3 상가 투자로 월세 부자 되는 법

- 01 월세 로망 이루려면 돈 되는 상가를 고르자 **91**
- 02 3,000만 원 투자로 300만 원 월세 받는 법 **93**
- 03 돈 한 푼 없이 1억 5,000만 원 벌다 **98**
- 04 쉽게 상권분석 하는 법 **101**
- 05 상가, 분양받지 말고 경매로 사자 **104**
- 06 1,000만 원이면 1층 상가 주인이 될 수 있다 **107**
- 07 아는 지역에 돈 되는 상가가 있다 **112**
- 08 좋은 상가 고르는 법 **116**
- 09 2억 원 낙찰 후 4억 원에 매도한 지방 상가 **120**

Part 4 큰돈 되는 공장 낙찰법

01 경매의 꽃, 공장 경매의 매력 **127**
02 2년 만에 5억 6,000만 원 시세차익 본 공장 **129**
03 15억 원에 낙찰, 2년 후 22억 원 매도 계획인 공장 **132**
04 공장 경매 시 주의할 10가지 포인트 **135**
05 경매 종목 선택, 자신만의 강점을 살려라 **140**

Part 5 부동산 재테크는 경매로 시작한다

01 경매를 알아야 진정한 부동산 재테크다 **147**
02 부동산 경매의 장점 **150**
03 지방의 A급 상가가 기회다 **153**
04 돈 되는 물건을 찾는 안목을 키우자 **157**
05 1층 아파트가 오히려 고수익을 안겨준다 **159**
06 투자를 해야지, 살겠다는 생각을 하면 안 된다 **162**

Part 6 움직이면 수익이 보인다

01 우량 물건 찾는 법 **167**
02 보이지 않는 현장의 함정부터 찾자 **172**
03 꼼꼼한 사전조사로 호재와 악재 바로 알기 **175**
04 부동산 시상의 흐름에 따른 투자 성공법직 3가지 **178**
05 괜한 걱정에 움츠러들지 말자 **181**
06 작은 물건이 더 알짜다 **185**
07 머릿속 계산은 그만, 움직여야 답이 보인다 **188**
08 즉시 행동하게 만드는 마법의 법칙 **190**

Part 7 **주의해야 할 실전 경매 함정**
    01 감정가 맹신은 금물 **195**
    02 입주 시기는 넉넉히 잡아야 낭패가 없다 **198**
    03 '0' 하나 더 쓰고 가뿐히 10배 높은 가격에 낙찰된 사례 **200**
    04 인수되는 임차인을 몰라 보증금을 날리다 **205**
    05 경매, 승자의 저주를 주의하자 **208**
    06 낙찰받은 집이 폐문부재일 때 **211**
    07 건축물, 꼼꼼히 살펴야 낭패가 없다 **216**

Part 8 **부자가 될 여러분을 위한 응원 한마디**
    01 저축보다 투자가 먼저다 **221**
    02 경제 원리를 알면 성공한 부동산 재테크다 **224**
    03 통화량 증가는 부동산 가격을 끌어올린다 **227**
    04 사용가치+기대수익=부동산 가격 **230**
    05 투자 vs 투기, 여러분은 어느 편인가? **232**
    06 자신만의 투자 목표를 세우자 **234**
    07 초심자의 행운을 조심하라 **237**
    08 돈을 못 버는 사람은 이유가 있다 **241**
    09 상상하면 부자가 될 것이다 **244**
    10 변화를 즐기면 성공이 가까워진다 **246**

에필로그 연은 역풍에 가장 높이 난다 **248**

Part 1

성공하는 아파트 낙찰 전략

01 6억 4,000만 원에 낙찰, 8억 2,000만 원에 팔다

경기도 일산에 위치한 주거용 오피스텔이 경매에 나왔다. 건물면적 62평(분양면적 72평)인 이곳은 감정가 7억 7,000만 원이었으며 1회 유찰된 상태에서 6억 4,200만 원에 낙찰받았다.

소재지	경기도 고양시 일산구						
물건종별	오피스텔	감정가	773,000,000원	오늘조회: 1 2주누적: 1 2주평균: 0			
				구분	입찰기일	최저매각가격	결과
대지권	37.672㎡(11.396평)	최저가	(70%) 541,100,000원	1차	2019-06-04	773,000,000원	유찰
				2차	2019-07-09	541,100,000원	
건물면적	**206㎡(62.315평)**	보증금	(10%) 54,110,000원	낙찰 : 642,550,000원 (83.12%)			
매각물건	토지·건물 일괄매각	소유자	정:	(입찰5명,낙찰:고양시 / 차순위금액 625,400,000원)			
개시결정	2018-10-19	채무자	정:	매각결정기일 : 2019.07.16 - 매각허가결정			
				대금지급기한 : 2019.08.23			
사건명	임의경매	채권자	한:	대금납부 2019.08.19 / 배당기일 2019.09.18			
				배당종결 2019.09.18			

주거용 오피스텔 경매 낙찰 결과 내역

이곳을 입찰할 때 적극적으로 고려했던 점은 바로 일산호수공원 조망이 한눈에 보이는 호실이란 점이었다. 같은 건물 내에서도 호수 조망 여부에 따라 시세가 크게 차이가 나는데 경매 나온 호실은 마음에 꼭 드는 곳이었다.

 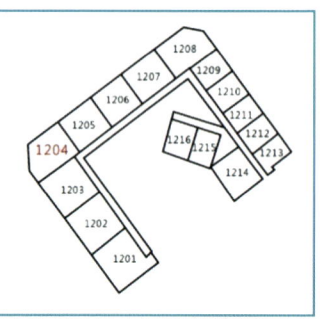

건물 전경 모습 및 호별 위치도

물론 입찰 전부터 해당 호수 내부에 들어가 본 것은 아니었다. 필자가 인근에 살면서 그동안 해당 건물을 눈여겨봤고, 드물게 몇 호수만이 호수 조망이 완벽히 나온다는 점을 익히 알고 있었다. 또한 임장을 통해 주변 공인중개사들의 조언을 적극적으로 구하고 분석한 점도 한몫했다. 감정가는 7억 7,000만 원이지만 조망이 보이는 몇 안 되는 호실이라 8억 원의 가치가 충분히 있을 것으로 판단해 입찰을 했다. 결과적으로 5명의 경쟁자를 제치고 낙찰받을 수 있었다. 낙찰 후 해당 호수에 방문해 내부를 살펴보니 예상했던 것보다 호수 전망이 멋지게 보였다. 해당 주택에는 월세 임차인이 거주하고 있었고 후순위여서 명도

낙찰받은 오피스텔 거실에서 보이는 호수공원 전망

에도 문제가 없었다.

5억 원을 대출받고 투자한 나머지 자본금은 약 1억 4,000만 원이다. 해당 오피스텔은 부동산 중개업소를 통해 매물을 내놨고, 얼마 지나지 않아 8억 2,000만 원에 매매가 됐다. 1억 8,000만 원의 시세차익을 얻게 된 것이다.

낙찰받고 6개월 만에 1억 8,000만 원 오르다

앞선 사례와 비슷한 예는 또 있다. 일산에 위치한 아파트 경매가 진행됐는데, 해당 아파트는 공급면적 49평(전용면적 36평)이었으며 고급 아파트로 인기가 높은 곳이었다.

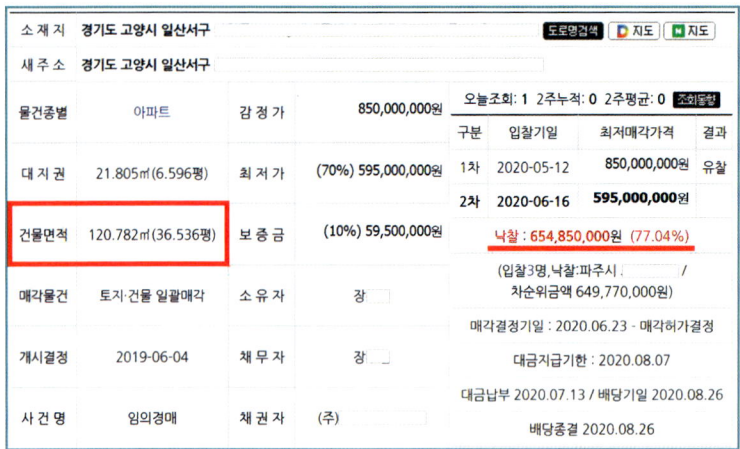

아파트 경매 낙찰 결과 내역

  감정가 8억 5,000만 원의 아파트를 1회 유찰됐을 때 입찰해서 6억 5,400만 원에 낙찰을 받았다. 해당 아파트는 조정지역으로 지정되기 일주일 전 낙찰받아 낙찰대금의 80%를 대출받을 수 있었기 때문에 실투자금은 1억 3,000만 원 내외로 소요됐다. 해당 아파트는 후순위 임차인이 전세로 거주 중이어서 대항력이 없었다.

  해당 아파트는 실거주 목적의 의뢰인이 낙찰을 받아 현재 거주하고 있다. 낙찰받은 후 아파트 시세가 꾸준히 상승해 현재 8억 3,000만 원 이상 호가하고 있어 수익률 높은 재테크에 성공했다. 실투자금 1억 3,000만 원을 투자해 6개월도 안 되어 1억 8,000만 원 이상 시세차익이 생겼으니 말이다.

02 경매의 진짜 매력

　앞선 사례처럼 부동산 경매를 통하면 실거주와 재테크라는 두 마리 토끼를 한번에 잡을 수 있다. 단기간에 이렇게 수익을 올릴 수 있는 재테크가 경매 외에 어디 있겠는가? 어떤 이는 "투자금이 없어서 투자를 못 한다"고 하고, 다른 이는 "경매는 한물간 거 아니냐?"며 경매에는 이제 먹을 것이 없다고도 한다.

　하지만 이것은 생각의 차이다. 대출을 활용하면 실투자금은 얼마 소요되지 않으며, 경매 물건 또한 사람들이 우르르 몰리는 부동산에 입찰하면 먹을 것 없는 것이 당연하다. 그러므로 핑계는 그만두고 어떤 부동산에 투자하면 좋을지, 투자 수익이 높은 물건은 어떤 부동산인지 꼼꼼히 검토해 적극적인 자세로 투자에 임하도록 하자.

대형 평수의 장점

"대형 평수를 낙찰받았다가 안 팔리면 어떡해요?" 하고 질문하는 분들이 있다. 실제 많은 분들이 소형 평수는 수요가 많으니 안 팔릴 걱정이 없는데, 대형 평수는 수요가 적을 거란 걱정에 안 팔릴까 걱정을 한다. 이 대목에서 우리는 수익성의 포인트를 짚어볼 수 있다.

여러분이 경매를 하는 이유가 뭔가? 시세보다 싸게 낙찰받은 후 팔아서 수익을 남기고 싶어서 아닌가? 그렇다면 가장 수익을 많이 남길 수 있는 방법이 뭘까? 바로 경쟁자가 적어야 한다. 물건은 하나인데 사겠다는 사람이 20명인 물건이 싸게 낙찰될지, 5명인 물건이 싸게 낙찰될지는 뻔하다. 즉, 경쟁자가 적으면 싼 가격에 낙찰받을 수 있다는 점이 가장 큰 장점이다. 경쟁자가 적다는 의미는 그만큼 낙찰 확률이 높아짐을 뜻한다. 그렇다면 싸게 낙찰은 받았는데 대형 평수라서 안 팔릴까 걱정하는 문제를 들여다보자.

아파트 세대수별 평형대를 살펴보자. 각 아파트마다 세대수는 다르지만, 중소형 평형 세대가 가장 많고 대형 평형 세대가 적은 점은 공통적이다. 그렇다면 최초 아파트 시행사는 왜 이렇게 분양을 했을까? 바로 입주자들의 기호를 파악해 배치한 세대수나. 자본력이 크고 정보도 많은 시행사가 아무 생각 없이 세대별 평형대를 정하지 않는다. 분양이 잘되어야 수익이 크므로 세대수별 평형 배치에 매우 신경을 쓰는데, 이는 해당 지역의 수요층을 면밀히 분석한 끝에 수요층에 맞게 배치한다.

중소형 평형대를 원하는 사람이 더 많은 건 사실이지만 그만큼 세대수가 많고, 대형 평형대를 원하는 사람이 적은 만큼 세대수가 적다. 따라서 해당 평형대에 맞게 수요자가 있다. 대형 평수를 원하는 사람은 대형 평수를 찾지, 중소형 평수를 찾진 않는다.

그런데도 아직도 중소형 평형대에 많은 입찰자가 몰리니 이런 물건에 경매 입찰하면 번번이 떨어지기 일쑤거나, 실거래가에 육박할 정도로 높은 가격을 써야 낙찰될 정도다. 이러니 무슨 수익이 있겠는가? 앞서 말한 대로 사람들이 기피하는 대형 평수 물건을 노리면 저렴한 가격에 낙찰될 확률도 훨씬 높아지고 그만큼 수익도 더 크다. 그러므로 중소형 평형대만 입찰하는 고정관념을 탈피해 더 큰 수익을 맛보도록 하자.

03 대형 평수 잘 파는 비법

앞서 소형 평수보다 대형 평수를 공략하라고 말씀드렸다. 필자가 오랫동안 경매를 하면서 대형 평수라서 팔리지 않은 부동산을 본 적은 없었다. 소형 평수를 원하는 사람이 있듯, 대형 평수를 원하는 사람이 있다. 다만 그 빈도가 적을 뿐이다. 소형 평수 찾는 사람이 100명이라면 대형 평수 찾는 사람은 10명이다. 그런데도 대형 평수 팔기가 더 쉬울 때가 있다.

예를 들어보자. 아파트든 오피스텔이든 건물의 평형 구성을 보면 중소형 평형대가 많고 대형 평수는 일부 세대가 차지한다. 그런 곳에서 소형 평수를 낙찰받아 매물을 내놓는다고 생각해 보자. 소형 평형을 찾는 매수 손님은 많으니 얼마 되지 않아 집을 보러 올 것이다. 하지만 계약으로 바로 이어지지 않을 가능성이 높다. 동일 단지 내에서 또 다른 소형 평형대 매물이 많기 때문이다. 이 집, 저 집 훑어보는 사이 내 집은 계약에서 멀어지는 경우도 허다하다.

이번엔 대형 평형대를 보자. 소형 평형대에 비교해 구하는 손님이 적긴 하지만 수요자가 있으면 선택될 확률이 높다. 동일 단지 내 대형 평형대가 많지 않기 때문이다. 그런데도 내 집이 최종 계약자로 선택받기 위해서는 우선 치장이 필요하다. 필자는 낙찰을 받으면 우선 현관, 주방, 욕실 인테리어에 힘을 쏟는다. 고객들(특히 주부)의 시선을 가장 많이 끄는 곳이 이 세 곳이기 때문이다.

이 세 곳에 힘을 준 인테리어를 한다 해도 견적이 1,000~2,000만 원 내외다. 이 돈은 대부분 매매가를 통해 회수된다. 생각해 보자. 같은 집이라면 인테리어가 멋진 집을 선택할 것이고, 인테리어가 똑같으면 1,000만 원이라도 더 저렴한 집을 선택할 것이다. 시세와 비교해 경매로 저렴하게 낙찰받았으므로 시세보다 1,000만 원 낮게 내놓는 것은 무리가 없을 것이며, 여기에 인테리어를 더해 시세대로 내놓는다고 해도 무리가 없다. 가장 최신 인테리어기 때문이다. 결국 경쟁자가 적은 상태에서 내놓은 우량 매물이 선택받을 확률이 높기 때문에 대형 평수가 더 쉽게 팔리는 경험을 많이 해봤다.

대형 평수일수록 현관, 주방, 욕실 인테리어를 신경을 쓴다.

04 7억 7,000만 원에 낙찰, 2년 만에 16억 원 되다

경매 낙찰 결과 내역

경기도 일산에 위치한 고급 빌라가 경매에 나왔다. 전용면적 73평, 분양면적이 140여 평에 달할 정도로 넓은 공간을 자랑하는 최고급 럭셔리 빌라였다. 지하철역에서 도보 8분 거리에 위치해 입지도 좋은 이곳은 세대당 주차대수 4대, 이탈리아 대리석 마감재, 수입가전 빌트인, 에어컨 9대 등이 설치되어 멋진 실내 인테리어를 자랑하는 곳이었다.

건물 전경 모습

 이곳은 우리 회원의 의뢰를 통해 입찰에 참가한 곳이다. 7억 7,000만 원에 낙찰받아 임대를 했으며, 현재 시세는 15억 원~16억 원이다. 지금 매각해도 충분한 수익이 나지만 향후 2년 정도 더 기다렸다 매각할 예정인데 매각가는 19억 원~20억 원을 예상한다.

 이 물건을 낙찰받은 이유는 간단하다. 대형 평수라서 시세와 비교해 경매를 통해 저렴하게 구입할 수 있었기 때문이다. 이 빌라의 초기 분양가는 경매 감정가인 15억 원보다 훨씬 높은 20

억 원이 넘었고, 일부 세대는 32억 원에 육박할 정도로 분양가가 높았다. 따라서 분양받아 들어온 일부 세대는 시세 하락으로 인해 손해가 큰 상황이었고 가격 하락에 대한 방어 심리가 깔려 있었다. 또한 이곳은 세대수가 적어 매물이 많지 않으며 낙찰받을 당시 시세인 13억 원~14억 원은 이미 분양가에 비해 많이 하락한 가격이라 더 이상 하락하지 않을 것이란 예상이 있었다. 경매로 싸게 취득했지만 팔 때는 매매로 팔리니 분명 차익이 크다.

앞서 누누이 말했던 소형 평수보다는 대형 평수를 노려야 저렴하게 낙찰받을 수 있다는 전략이 여기서도 적용된다. 낙찰가의 80% 대출을 받으니 투자된 자본도 1억 5,000만 원 정도지만(대출률은 규제지역에 따라 다름) 시세차익은 8억 원 이상 난다. 2년 정도 시간이 더 흐르면 10억 원 이상 시세차익이 날 것으로 예상하고 있다. 그러니 힘들게 경쟁하는 소형 평수 입찰 대열에 낄 이유가 뭐가 있겠는가?

05 초보자는 사람 많은 곳에 가고, 고수는 사람 없는 곳에 간다

여러분이 입찰하러 법원에 갔다. 개찰 결과 30명의 입찰자를 제치고 여러분이 낙찰을 받았다면 짜릿한 성취감에 매우 기분이 좋을 것이다.

반대로 여러분이 단독 입찰이라면 찜찜한 마음에 기분이 썩 좋지 않을 수도 있다. 하지만 이래선 안 된다. 사람 많은 곳에 가면 높은 가격을 써야 비로소 낙찰을 받을 수 있다. 높은 가격이라도 수익이 충분히 나면 괜찮으나 문제는 낙찰을 받았을 뿐 수익이 나지 않는 경우도 발생하는 점이다.

앞서 일산 고급 빌라의 경우 7억 7,000만 원에 낙찰받아 시세차익이 8억 원 이상 발생했지만, 자세히 보면 2명이 입찰했고 그 가운데 낙찰받았다. 입찰자 수는 적었지만 그 어느 물건보다 높은 시세차익을 거두고 있으니 사람 많은 곳에 먹을 것 없다라는 말이 잘 들어맞는다.

홀로 가는 연습이 필요하다

고수는 입찰자 수가 적은 것을 즐기지만 경매 초보자일수록 입찰자 수가 적으면 두려워한다. 수십 명의 입찰자 속에 낙찰받으면 의기양양하고, 적은 입찰자 수에는 당황하며, 혹여 개찰 결과 단독 입찰이라면 더욱 안절부절한다. '다른 사람들은 왜 입찰하지 않았을까?', '이건 뭔가 문제 있는 게 틀림없어' 하며 낙찰받은 걸 후회한다. 하지만 경매 고수가 되려면 이런 마인드를 벗어나야 한다.

사람이 몰리지 않아야 저렴한 가격에 낙찰받을 수 있다. 다만, 사람이 몰리지 않는다는 뜻은 그만큼 한눈에 혹해 보이는 물건이 아닐 수 있어 초보자들은 꺼리기 쉽다. 초보자일수록 다수가 좋아 보이는 물건에 관심을 갖는다. 왜 그런지는 '동조현상'이란 심리학 용어로도 풀이될 수 있다. '동조'란 많은 사람들이 하는 행동을 따라 하는 경우를 말하는데, 판단을 요구하는 어떤 상황에서 다른 사람과 비슷한 결론을 내리는 것을 동조현상이라 한다. 이런 동조현상의 원인은 심리적 안정감 때문이다.

사람들은 애매한 상황에서 결정을 내려야 하는 경우 다른 사람의 결정을 참고하는 경향이 있다. 자신의 판단에 자신이 없을 때는 다수가 입찰할 물건을 선택하는 게 심리적 안정감을 주기 때문이다. 하지만 이렇게 다수가 몰린 원인으로 비싼 가격에 낙찰이 되어 수익이 얼마 되지 않는 점이 맹점이다. 이후 '경매해 봤자 먹을 거 없네'라는 자조적인 말을 남기며 경매계를 떠난다. 이는 군맹무상(群盲撫象, 여러 맹인이 코끼리를 더듬는다는 뜻)과 다름없는 것으로, 자신의 겪은 극히 일부분으로 전체 경매계를 그릇되게 판단하고 있다.

다수의 입찰자 속에 의기양양하는 기분은 한순간이다. 그 뒤 밀려오는 자책과 후회를 하지 않으려면 과연 어느 물건을 공략할 것인지 진지하게 생각해보자. 여러분이 오랫동안 경매 투자를 즐기려면 다수와 반대로 가야 한다.

06 말 한마디로 5,500만 원을 벌다

'구슬이 서 말이라도 꿰어야 보배'라는 속담이 있다. 아무리 좋은 것이라도 꿰는 수고로움을 거쳐야 가치가 있다는 뜻으로 실천의 중요성을 의미하는 말이다. 경매에서도 이 속담이 잘 들어맞는다. 아무리 경매 지식을 많이 알고 있어도 실천하지 않으면 무용지물이기 때문이다.

패찰을 낙찰로 만들다

고양시 일산의 한 아파트가 경매에 나왔다. 전용면적 134㎡(공급면적 164㎡, 50평) 아파트인데 감정가 6억 9,000만 원의 아파트가 2회 유찰되어 최저가 3억 3,800만 원에 형성되어 있었다. 당시 건축된 지 3년이 채 안 된 아파트라 건물이 매우 깔끔했으며 실제 분양가는 6억 9,000만 원 선이었는데 가격이 하락하며 시세는 4억 3,000만 원 선에 형성되어 있었다. 이 아파트에는 전세보증금 2억 원의 후순위 임차인이 거주하고 있었다.

경매 진행된 해당 아파트 사례

해당 아파트 등기부 내역

등기부를 살펴보면 1순위 근저당자는 중소기업은행인데, 문서접수 내역을 보니 이 채권을 유동화회사가 이전받아 채권자 명의변경을 한 상태였다. 나는 먼저 유동화회사에 전화도 하고 직접 찾아가기도 하면서 해당 채권을 매입하고 싶단 의사를 비쳤으나 유동화회사 측에서는 매도하지 않겠다는 답변이 들려왔다. '방어 입찰이 들어오겠구나' 싶었다.

매도하지 않겠단 뜻은 채권의 회수에 자신감을 보인다는 뜻이므로, 혹시 모를 저가 낙찰에 대비해 방어 입찰을 하는 경우가 많다. 이 유동화회사도 같은 맥락에서 볼 때 방어 입찰이 들어올 가능성이 높았다. 채권액을 봤을 때 3억 원 후반대 가격에 입찰이 들어올 걸 예상했으므로 낙찰받기 위해서는 4억 원 근처의 가격을 적어야만 했다. 하지만 4억 3,000만 원의 시세를 생각했을 때 4억 원의 가격을 적는다는 건 심히 부담되는 가격이었다. 결국 필자는 소신껏 가격을 적기로 마음먹었고, 당일 유동화회사와 다시 담판 지을 생각도 했다.

말 한마디로 3등 입찰가로 낙찰받다

적정입찰가를 3억 6,600만 원 선으로 생각하고 입찰을 한 후 주위를 살펴보니 아니나 다를까 유동화회사 직원의 얼굴이 보였다. 사전에 매입을 위해 찾아간 적이 있기에 직원 얼굴을 알고 있었던 것이다. 입찰 마감이 된 후 개찰 결과를 기다리는 동안 유동화회사 직원에게 물어보니 3억 9,000만 원의 입찰가를 적었다고 했다. 역시 예상대로다.

필자는 다시 한번 직원을 설득하기 시작했다. 만약 유동화회사보다 더 높이 쓴 입찰자가 없으면 직접 낙찰을 받아야 하니 회사 차원에서는 은근히 부담이 느껴질 수 있다. 취득세 및 보유세가 소요되고 중개비용이 들며 매각하기까지 대금이 묶여 있는 셈이니 말이다.

개찰 결과 유동화회사가 낙찰받으면 내가 차순위신고를 할 테니 잔금을 납부하지 않으면 배당으로 채권의 대부분을 회수하므로 그 방법이 좋지 않겠느냐고 권했다. 입찰보증금은 몰수되지만 어차피 배당재단에 포함되어 유동화회사가 다시 배당받아 가는 구조니 손해볼 일이 없는 것이다. 물론 필자의 입찰가를 감안했을 때 채권의 전액 회수는 어렵겠지만, 물건을 직접 낙찰받아 처리하는 과정에서 드는 부대 비용 및 기간을 생각하면 유동화회사 측도 충분히 고민해볼 일이었다.

직원의 얼굴에 고민의 흔적이 스쳤다. 이때를 놓치지 않고 필자는 본사에 전화해서 승인을 받아놓으라고 권했다. 이런 일은 직원 혼자 처리하는 게 아닌 부장 등 윗선의 승인이 나야 한다는 점을 익히 알고 있었기 때문이다. 직원은 전화기를 들어 회사에 전화를 걸었다.

내색하진 않았지만 옆에서 지켜보는 내 마음이 쿵쾅거렸고,

내 귀는 온통 직원의 전화기에 쏠려 있었다. 이윽고 전화를 끊은 직원이 나를 보며 웃었고, 이를 본 나는 '됐구나!' 하는 안도감이 들었다. 이제 유동화회사와 나보다 높은 가격을 적은 사람만 없으면 내가 낙찰받는 구조다. 떨리는 마음으로 개찰 결과를 지켜봤다.

두근두근….

드디어 우리가 입찰한 사건을 호명할 차례다. 순차적으로 입찰 가격을 부르더니 드디어 유동화회사가 3억 9,000만 원으로 최고가 매수인이었고, 그 다음으로 3억 8,000만 원이 뒤를 이었다. 내가 쓴 3억 6,600만 원은 3등 가격이었고 예정대로 차순위 매수신고를 하자 2등 가격을 적었던 입찰자가 나를 힐끗 바라봤다. 개찰이 종결되자 유동화회사와 내 보증금은 법원에 보관됐다. 약속대로 유동화회사는 잔금기한까지 대금을 납부하지 않았고, 차순위매수신고한 내게 기회가 오자 잔금을 납부하면서 소유권을 취득했다.

이 일을 통해 보면 3억 8,000만 원을 썼던 입찰자는 나보다 1,400만 원을 더 쓰고도 패찰한 셈이다. 유동화회사와 나눴던 말 한마디가 3등 입찰자를 낙찰자로 만들어준 이 사례는 움직이는 자에게 복이 온다는 가치를 다시금 일깨워준다.

적극적인 자세가 수익을 더 높여준다

　3억 6,600만 원에 낙찰받은 이 아파트는 대금납부 후 바로 4억 2,500만 원에 매도했다. 보유기간이 1년 미만(2021년 6월 1일 이후 주택 양도는 1년 미만 77%, 2년 66%, 2년 이상 일반세율 부과, 지방소득세 포함)이었으므로 44%의 양도소득세가 부과되지만 이 아파트는 세금을 한 푼도 내지 않았다. 당시 1주택자의 원활한 주택 매도를 독려하기 위해 1주택자의 주택을 매입한 사람은 한시적으로 양도소득세를 면제해주는 제도가 있었기 때문이었다.
　이를 위해선 전 소유자의 주택 수 보유상황을 알아야만 했다. 전 소유자가 경매 나온 해당 주택 외에 다른 주택을 소유하고 있지 않았으면 매수자(낙찰자)는 이 혜택을 받을 수 있다. 이는 전 소유자를 만나야만 알 수 있는 일이었다. 따라서 법원문건열람을 통해 임대차계약서에 적힌 임대인(소유자)의 연락처를 통해 연락을 취한 뒤 만날 수 있었다. 적개감을 보이는 전 소유자와 충분히 이야기를 나눈 뒤 1주택자임을 증명하는 관련 서류를 받을 수 있었고, 이에 따라 세금을 면할 수 있게 됐다.

　이 사례는 3가지를 생각하게 해준다.
　첫째, 적극적인 의사협상이다. 유동화회사에 적극적으로 의사타진을 한 결과 3등의 입찰가로도 낙찰을 받을 수 있었다.
　둘째, 아는 것이 힘이다. 한시적으로 시행되는 양도소득세 면세규정을 몰랐다면 세금을 고스란히 납부한 채로 지났을 일이다.

셋째, 실천하는 것이 재테크다. 전 소유자를 만나 협상을 하는 등 적극적으로 실천하는 자세가 성공하는 부동산 재테크의 길로 이끌어준다.

이렇듯, 우리는 부동산 경매를 통해 얼마든지 수익을 낼 수 있다. 여기서 적극적으로 움직이는 힘이 무엇보다 중요하다.

07 2억 원 보증금을 날린 임차인의 사연

 임차인은 수천만 원에서 수억 원에 이르는 보증금을 내고 집을 빌려 살고 있다. 그런데 어느 날 갑자기 이 집이 경매에 넘어가 보증금을 돌려받지 못할 위기에 처한다면 그것만큼 날벼락도 없을 것이다. 경매에서 임차인의 상황은 크게 3가지로 나눌 수 있다.

1. 보증금을 전액 돌려받는 임차인
 임대한 집에 다른 권리가 없다면 임차인의 권리를 제대로 갖춘 임차인은 보증금을 전액 돌려받을 수 있다. 경매라는 상황을 겪기는 하지만 보증금을 전액 돌려받으므로 손해가 없고 때로는 이익을 보기도 한다. 경매가 진행되는 기간 동안 보증금 인상을 하지 않아 저렴하게 살 수도 있고, 월세를 내던 임차인은 경매가 진행되는 기간 동안 매달 내던 월세를 내지 않기도 한다(물론 이 경우 채무자가 못 받은 월세만큼 임차인의 보증금 배당에 관해 배당이의를 제기할 수도 있다).

2. 보증금을 일부만 돌려받는 임차인

이 경우 잃는 보증금액의 크기에 따라 상심하는 정도가 다르다. 낙찰자에게 감정적으로 대응하기도 하며 못 받는 보증금을 낙찰자에게 요구하기도 한다. 하지만 후순위 임차인이 못 받은 보증금은 낙찰자가 아니라 전 집주인에게 따로 청구해야 한다(전 소유자의 재산이 없고 채무가 과다한 경우 현실적으로 보증금을 못 받는 경우도 많다).

3. 보증금을 한 푼도 돌려받지 못하는 임차인

법에서는 임차인에게 권리를 부여하고 있지만 지위를 제대로 갖추지 못하면 임차인의 권리를 가지지 못한다. 대표적으로 전입신고와 확정일자, 배당요구다. 다만 이를 제대로 갖췄어도 후순위 임차인이 보증금을 전액 날리는 사태가 올 수 있다. 이 경우 순순히 이사를 나가려 하지 않을 가능성이 높아 명도를 대화로 풀기 쉽지 않을 수 있지만 법적으로 강제집행이 가능하다.

한편 선순위 임차인의 권리가 있어도 배당을 받지 못하는 임차인도 있다. 이들은 대항력이 있어 남은 임대차기간 보장과 보증금을 낙찰자에게 요구하므로 이런 물건에 입찰할 때는 인수할 보증금 액수만큼 저렴하게 낙찰받아야 한다.

2억 원의 전세보증금을 날린 임차인

앞선 일산 아파트의 경우 보증금 2억 원의 전세임차인이 거주하고 있었다. 말소기준권리는 2010년 6월 29일 은행 근저당권(채권액 4억 원)인데 임차인의 전입신고와 확정일자는 2010년 7월 7일로 근저당권보다 늦은 후순위 임차인이었다. 임차인은 배당요구를 했지만, 해당 아파트의 낙찰금액이 3억 6,600만 원으로 선순위 채권액에도 미치지 못하는 경우라 임차인에게 배당될 금액이 없었다.

결국 임차인은 2억 원의 보증금을 한 푼도 배당받지 못한 채 해당 아파트에서 퇴거해야만 했다. 물론 퇴거 후 전 소유자에게 보증금 반환을 요구할 수 있지만 소송에서 승소해도 현실적으로 소득이 없거나 압류할 재산이 없는 경우 받아내기가 쉽지 않은 경우가 많다.

따라서 임차인은 사전에 경매를 잘 알아야 한다. 또한 지금 자가 주택에 거주하더라도 이사 갈 일이 생겼을 때 남의 집에 전월세로 거주하는 경우도 많으므로, 현재 주택 소유 여부와 무관하게 누구나 경매를 잘 알아야 한다. 지피지기면 백전백승인 법, 준비된 임차인은 경매가 두렵지 않다.

08 임장할 때는 솔직해지자

　초보자가 임장할 때 가장 많이 하는 실수 중 하나는 시세를 잘못 파악하는 것이다. 아파트, 빌라, 오피스텔 등 주거형 부동산은 평형대, 입지조건, 노후도, 대지 지분, 개발지에 포함 여부 등 가격을 결정하는 요소가 많아 어설프게 임장을 하면 원하는 답을 구하지 못하는 경우가 많다.

　비교적 시세 조사가 쉽다는 아파트 경우에도 동별 방향, 층수, 위치 등에 따라 가격 차이가 나는 곳이 많다. 예를 들어 총 15층짜리 아파트에서 남향에 교통이 편리한 곳에 위치한 동, 8층이 경매 물건으로 나왔다고 하자. 그렇다면 이와 비슷한 조건의 아파트를 비교 대상으로 삼아야지 동향에 교통이 불편한 동, 1층 물건과 매매가를 비교해서는 안 된다.

3곳 부동산 중개업소에서 물어본 시세가 정확할까?

　부동산 시세파악을 위해 3곳의 중개업소에 물어봐야 한다는 이야기를 많이 들었을 것이다. 이렇게 파악된 시세의 평균치를 기준으로 시세를 파악한다는 것이다. 하지만 이 말이 과연 맞을까?

　부동산 중개업소를 방문할 때 많은 분들이 마치 실수요자인 것처럼 둘러대면서 시세를 파악하고 있다. 하지만 이래선 정확한 정보를 얻기 어렵다. 눈치 100단인 공인중개사는 경매 때문에 방문한 것을 이미 간파하고 있으니, 솔직히 터놓고 조언을 구하는 게 더 효율적이다.

　"그러다 뜨내기손님으로 알고 귀찮아해서 가격을 대충 말해주면 어떡해요?"

　솔직히 경매 때문에 시세가 얼마인지 알려고 왔다고 밝히라고 했더니 걱정이 됐는지 어느 분이 이런 질문을 하셨다. 만약 정확한 정보를 알려주길 꺼리거나 대충 알려주는 부동산 중개업소는 그냥 인사하고 나오면 된다. 옆에도 다른 곳이 많은데 굳이 불친절한 곳에서 기다릴 필요가 없다.
　그런데도 사람들은 시도해보지도 않고 "불친절할 것 같네", "가격을 엉뚱하게 알려줄 것 같네" 하면서 불평만 하고 적극적으로 나서지 않는다.

또한 부동산 중개업소를 방문하는 여러분의 태도도 생각해볼 일이다. 공인중개사도 사람이다. 바쁜 업무를 하고 있는데 무작정 들어와서 "경매 때문에 그러는데 101동 ○○호 시세가 얼마나 해요?"라고 했을 때 과연 기분 좋게 응대해줄 사람이 얼마나 있을까? 그러니 음료수 한 박스라도 들고 가서 공손히 여쭙는 게 좋다. "낙찰받으면 사장님께 꼭 물건을 내놓겠습니다"란 말도 덧붙이며 말이다. 공인중개사가 그 물건에 입찰할 생각을 하고 있다면 모를까, 공손히 묻는 손님에게 불친절하게 응대할 사람은 많지 않다. 그러므로 괜한 핑계 대지 말고 솔직히 터놓고 도움을 요청하는 게 정확한 시세를 파악하는 데 도움이 된다. 또한 그 물건의 조망, 인테리어 상태 등 내부 정보를 잘 아는 공인중개사를 만난다면 자기만의 정보를 더 얻을 수도 있다.

09 정확한 임장이 승부를 가른다

　임장이란 경매에 나온 물건들을 직접 가서 살펴보고 물건상 여러 문제와 돈 되는 정보를 꼼꼼하게 따져보는 것을 말한다. 이른바 현장조사인 셈인데 현장 속에 훨씬 많은 투자 정보들이 숨어 있어 경매로 돈을 벌려면 현장답사를 잘해야 한다. 임장을 얼마나 구체적으로 꼼꼼하게 했느냐에 따라 입찰가격이 달라진다. 임장을 어설프게 했다면 낙찰이 되더라도 2등과 터무니없이 많은 차이로 받았을 것이고, 패찰을 했다면 낙찰금액과 터무니없는 차이로 떨어질 가능성이 높다. 실무에서는 1등과 2등이 몇 천만 원 차이로 낙찰되는 경우가 종종 있는데 가장 큰 이유가 바로 임장을 제대로 하지 않아서다.

현장에 답이 있다

"임장 활동에서 돈이 보인다. 경매는 현장에 많이 다녀볼수록 수익이 높아진다"는 말은 경매 고수들이 강조하는 투자 격언이다. 실제로 현장 안에서 이뤄지는 임장은 경매 투자 수익률과 직결되는 중요한 활동이다. 경매 초보자는 주로 경매 서류상의 권리분석에만 치중하는 데 급급해한다. 권리분석과 세입자 분석 등 경매 낙찰 후 권리를 넘겨받기 위한 기초 조사를 통해 안전하다고 판단하면 경매 입찰을 결정한다. 따라서 돈 되는 물건보다는 안전한 물건 위주로 입찰하다 보니 높은 수익을 기대하기 어렵다. 권리상 안전한 경매 물건은 입찰 경쟁률이 10대 1을 넘어서기 일쑤다. 한마디로 들러리 서기 좋은 경매 물건 위주로 입찰에 나선다.

그러나 경매 고수들은 다르다. 권리분석 등 기초적인 체크사항은 이미 한번 걸러내고 바로 현장을 찾아 나선다. 서류상의 내용보다 실전적인 임장 활동이 더 유용하다는 것을 체득했기 때문이다. 실제 서류상으로만 경매 물건을 들여다보면 돈 되는 경매 물건을 찾기 어렵다. 경매에서 진짜 돈 되는 정보는 현장을 중심으로 찾아내는 훈련이 필요하다. 진흙 속 진주를 찾는 마음으로 현장을 다니다 보면 우량 경매 물건을 찾아낼 확률이 높아진다.

C급 물건을 A급으로 바꾸다

건물주가 되는 것은 모두의 로망이다. 그러나 정상적인 방법으로 도심 내 멀쩡한 부동산을 사서 건물주가 되는 것은 일반인들에게는 그림의 떡일 뿐이다. 매우 큰 자본이 소요되니 말이다. 그렇다면 자본력이 부족한 사람은 영영 건물주가 될 수 없을까? 그렇지 않다. 도심지 내에서도 망가지거나 쓰러져 가는 주택 등을 경매로 낙찰받아 리모델링한 뒤 상가를 만들면 건물주가 될 수 있다. 싸게 사려면 우선 3박자가 갖춰져야 하는데, 첫째, 경매로 매입해야 한다. 둘째, 집이 낡아야 한다. 셋째, C급 상권이어야 한다.

상권이 형성될 만한 곳의 쓰러져 가는 주택을 낙찰받아 리모델링 및 대수선을 거쳐 가장 적합한 임차를 넣어 시장에 팔릴 수 있는 상품으로 만들어낸다. 포인트는 낡고 허름한 주택을 찾아서 상가로 변신시키는 것이다. 이때 중요한 점은 콘셉트다. 상권, 유동인구와 무관하게 콘셉트의 힘으로 손님을 끄는 임차 종목에 관심을 기울여야 한다. 입지가 좋지 않아도 콘셉트의 힘이 강하면 장사가 잘되므로 C급 물건이라 해도 발상의 전환을 통해 얼마든지 A급으로 변신시킬 수 있다.

10 건물의 가치를 증가시키는 리모델링

　입지가 좋고 현 건물을 그대로 사용할 정도로 건물 상태가 좋은 경우엔 다수의 입찰자가 참여하므로 저가에 낙찰받기 어렵다는 단점이 있다. 하지만 외관이 부실해 남들이 기피하는 건물을 낙찰받아 멋지게 변신할 수 있다면 가치는 배가 될 것이다. 물론 입지 분석이 선행되어야 함은 물론이다.

　노후한 건물 선택에 따른 투자 유형은 크게 3가지 정도로 볼 수 있다. 이미 오래전 지어진 구상가를 낙찰받아 리모델링 하기, 주택을 매입해 상가로 용도변경하기, 노후한 주택이나 땅을 매입해 상가를 직접 짓기 등 말이다. 이 중 본인에게 맞는 방법은 무엇인지부터 진단해보자.

1. 오래된 구상가

도심 내 구상가의 경우 이미 오래전에 지어져 상권이 형성된 입지에 임차인이 영업 중인 상가를 현재 투자금 대비 연 임대수익률을 따져본 후 매입한다. 부분적으로 기존의 낡고 불편한 건축물을 증축, 개축, 대수선 등 새롭게 리모델링을 통해 건축물의 기능향상이 가능하며, 수명연장된 건축물의 가치도 올릴 수 있다. 여기서 주의할 점은 상가수명과 향후 재건축 가능 여부를 반드시 생각해 다시 매도할 수 있는 경우까지도 고려해 매입해야 한다.

[예시] 외벽 리모델링을 통해 건물의 가치를 증가시킨 사례

2. 주택을 매입해 용도변경하는 주택형 상가

상권이 갖춰질 입지의 단독주택을 매입해 1층 주택을 리모델링하고, 상가로 용도를 변경한 건물이 신흥 상권에서 붐을 타고 있다. 용도를 변경한 1층 상가에는 창업 또는 임대를 통해서 수익을 올릴 수 있다. 규모가 작은 주택형 상가는 단일 점포보다

는, 가능하다면 소형 점포로 2~3개로 나누어야 수익률을 높이는 데 유리하다.

[예시] 주택을 상가로 개조한 사례

3. 노후한 주택이나 땅을 매입해 짓는 상가

동네골목이나 대로변에 노후한 주택을 매입해서 재건축하거나 소규모 땅을 사서 상가를 올리는 것도 생각해볼 만하다. 다만 사전에 충분한 검토가 필요하다. 특히 투자금 부족으로 땅을 담보로 대출을 받아 건축하는 경우 건축회사를 잘 만나야 한

[예시] 노후주택을 허물고 상가건물을 지은 사례

다. 그동안 건축경험이 많고 신뢰할 수 있는 사람이 내 집을 짓는 마음으로 지어줘야 공사기한에 맞춰 준공할 수 있고, 이를 통해 세입자를 신속히 유치해 대출 이자 부담 없이 수익을 얻을 수 있다. 규모가 작다뿐이지 사실상 시행사업이나 다를 바 없다.

11 보고 싶은 것만 보는 실수

 심리학에 '확증편향'이란 말이 있다. 이는 보고 싶은 것만 보고, 듣고 싶은 것만 듣고, 믿고 싶은 것만 믿는 사람의 오류로, 수많은 평가 중 자기 입맛에 맞는 정보만 취하는 현상을 말한다. 자신의 믿음에 부합되는 정보는 재빨리 받아들이지만, 이와 반대되는 정보는 무시해버리거나 자신의 믿음을 보강하는 정보로 해석한다.

 예를 들어 여러분이 어떤 영화를 볼까 말까 망설일 때 보겠다는 마음이 더 강하면 '강추, 연기력 최고' 하는 내용에 더 눈길이 가고, 보고 싶지 않은 마음이 더 크면 '볼것없다, 실망이다'란 댓글이 더 눈에 쏙 들어오는 식이다. 확증편향의 오류로 일단 하나의 결정을 내리면 다른 좋은 선택지가 나타나도 좀처럼 자신의 생각을 바꾸지 않는 일이 벌어진다.

일명 '답정너(답은 정해져 있고 너는 대답만 해)'라고 표현되는 확증편향 오류가 발생하는 이유는 우리 두뇌와 관련이 깊다.

우리 뇌는 특정 사실에 집중하면 많은 에너지를 소모하게 된다. 여기에 새로운 정보, 특히 자기 생각과 반대되는 정보가 들어와 자기 신념이나 확신을 수정하는 것은 정신적 에너지를 소진하게 하므로 뇌는 더욱 피곤해진다. 따라서 편안한 것을 추구하는 우리 뇌는 기존 생각들을 쉽게 수정하려고 하지 않고 그것을 유지하려고 하는 경향이 있다. 이로써 보고 싶은 것만 보고, 듣고 싶은 것만 듣게 되는 사태가 오는 것이다.

낙찰받기 전에 정 주지 않는다

부동산 투자에서도 확증편향의 오류가 벌어진다. 입찰하기도 전에 그 물건에 이미 마음이 가 있으면 그 물건의 장점만이 부각되고 단점은 눈에 들어오지 않는다. 임장할 때 대충 형식적으로만 둘러보거나 아예 임장을 하지 않은 일도 발생한다. 이는 주로 초보 경매 투자자들에게서 찾을 수 있는 특징이긴 하나 경매에 어느 정도 자신감이 붙은 사람도 이같은 실수를 범할 수 있다.

임장할 때는 적어도 입찰할 물건의 공실률이 어느 정도고, 임대수요 대상이 누구인지, 그 수요가 지속적이거나 추가적으로 발생할 수 있는지, 입찰하려는 물건이 어느 정도 경쟁력을 갖췄는지, 주변에 대량 공급이 있는지 정도는 파악해야 한다. 특히 거주지역과 멀리 떨어져 있거나 평소 잘 모르는 지역의 물건에 응찰할 때는 임장의 중요성이 더욱 강조된다. 그런데도 '마음에 드니 우선 낙찰부터 받고 보자'는 심정으로 돌진하면 꼼꼼한 임장이 될 수 없어 결국 앞으로 낙찰받고 뒤로 손해볼 수 있다.

간혹 "경험상 낙찰받아 봤어요"라고 말하는 사람들이 있는데, 참으로 어이없는 변명이다. 1~2만 원짜리 티셔츠를 고르는 것도 아닌데 경험상 낙찰받는다는 것은 말이 안 된다. 이러면 자칫 수백만 원에서 수천만 원을 손해보고 나서야 정신을 차리는 경우가 생긴다.

Part 2

현재 모습보다 미래 모습을 보자

01 남들이 다니지 않는 뒷길에 꽃길이 있다

예전에는 마을 잔치를 하면 마을 사람들이 모두 모여서 같이 나눠 먹었다. 그런데 잔치 소문이 옆 마을 등 여기저기 퍼져 많은 사람들이 몰리게 되면 만들어진 음식의 양은 뻔한데 손님이 많아 자연히 먹을 게 별로 없게 된다. 이런 연유로 '소문난 잔치에 먹을 것 없다'라는 속담이 생겼다.

경매도 마찬가지다. 최근에 부동산 경매를 통해 대박을 낳았다는 사람은 보기 쉽지 않다. 최근 법원 경매에 관한 이슈를 보면 아파트 낙찰가율은 90%를 넘는다. 아파트 인도에 문제가 없는 비교적 깨끗한 물건은 시세에 근접해 낙찰받는 사례도 많아지고 있다. 그만큼 주택 시장이 실수요자 중심으로 재편되고 있다는 뜻이기도 하다.

초보 투자자들은 비교적 단순한 것을 선호한다. 한마디로 사고파는 단면적인 부분만을 기대하고, 복잡한 것은 질색한다. 주택의 종류는 아파트, 다세대주택, 연립주택, 단독주택, 다가구주택 등 많지만, 유독 아파트에 몰리는 이유는 명도가 쉽고 권리관계가 깨끗하다는 게 크게 작용한다. 단독주택이나 다가구주택은 세입자가 많고 각종 법적 권리 또한 복잡해 몰리기 힘든 구조다.

상가도 마찬가지다. 위치가 좋고 장사가 잘되는 상가는 비싸게 낙찰된다. 수도권 기준 2층 이상 상가는 6.5~7% 수익률은 나와야 한다. 이 수익률을 기준으로 간단하게 계산하자면 '(임대료×2×100)+보증금=시세가'다.

해당 상가의 임대료가 보증금 3,000만 원에 월세가 100만 원이라면 '(100만 원×2×100)+3,000만 원=2억 3,000만 원' 정도다. 하지만 현실적으로 이보다 높은 가격에 낙찰되는 경우가 허다하다.

저금리에 은행 이자보다 낫다는 생각에 입찰가를 높이는 심정은 이해하지만, 임차인이 나가는 경우 공실이 발생되고 그에 따라 임대료가 중단되는 사태를 감안해야 한다. 건물 노후화를 생각해야 하며, 인접한 곳에 건축되는 경쟁 상가들도 고려해야 한다. 이렇게 다양한 고려 없이 단순히 현재 은행 이자보다 월세가 낫다는 생각에 접근하면 앞으로 남고 뒤로 손해볼 수 있다.

허울뿐인 낙찰은 경계하자

며칠 전 상가 입찰을 하러 법원에 방문했는데 2등으로 낙찰에 실패했다. 당시 필자가 적은 금액은 8억 원대였는데, 1등 가격은 12억 원대였으며 65명의 이름으로 공동 입찰한 것이었다. 많은 사람이 공동 입찰한 걸로 봐서 어느 학원에서 공동 투자를 유치한 걸로 보였는데, 참으로 안타깝다는 생각이 들었다. 아무리 생각해도 12억 원은 너무 높은 가격이라 수익이 나지 않을 가격이었기 때문이다. 잘해야 3~4년 후에 원금인 12억 원을 회복할 듯 보이는데 이래선 어떻게 투자라고 말할 수 있을까? 3~4년 동안 애닳은 후에야 겨우 원금을 찾는다 해도 그동안 마음고생한 것을 생각하면 결과적으론 손해다.

우리는 낙찰받으려고 경매를 하는 게 아닌 수익을 내려고 경매를 한다. 이제는 단순히 낙찰받아 파는 것으로 시세차익을 보기는 어렵다. 너도나도 몰리는 경쟁 속에 낙찰가가 높아지니 낙찰은 받았지만 결과적으로 손해인 경우가 많다. 따라서 많은 사람이 몰리는 물건을 경계해야 한다. 남들이 다니지 않는 뒷길에 꽃길이 있는 법, 눈에 덜 띄는 물건을 싸게 낙찰받아 가공해 가치를 높이는 전략을 구사해야 진정한 경매 투자라 할 수 있다.

02 5,600만 원 낙찰, 2년 후 1억 9,500만 원에 판 상가

소 재 지	경기도 고양시 일산서구					
물건종별	근린상가	감 정 가	150,000,000원	구분	입찰기일	최저매각가격	결과
대 지 권	18.88㎡(5.711평)	최 저 가	(34%) 51,450,000원	1차	2015-06-11	150,000,000원	유찰
				2차	2015-07-16	105,000,000원	유찰
건물면적	44.1㎡(13.34평)	보 증 금	(10%) 5,145,000원	3차	2015-08-20	73,500,000원	유찰
					2015-09-24	51,450,000원	변경
				4차	2015-10-29	51,450,000원	
매각물건	토지·건물 일괄매각	소 유 자	(주)	낙찰 : 56,210,000원 (37.47%)
				(입찰1명,낙찰:고양)
개시결정	2014-11-11	채 무 자	(주)	매각결정기일 : 2015.11.05 - 매각허가결정
				대금지급기한 : 2015.12.03
사 건 명	임의경매	채 권 자	고	대금납부 2015.11.16 / 배당기일 2015.12.15
				배당종결 2015.12.15

경매 진행된 해당 사건

    일산에 위치한 전용면적 13평(분양면적 25평)의 1층 상가가 경매에 나왔다. 감정가가 1억 5,000만 원이었는데 3차례 유찰을 거쳐 1/3 가격인 약 5,100만 원에 최저가가 형성되어 있었다. 건물 위치가 아주 좋고 1층인데도 이렇게 낮은 가격까지 유찰된 이유는 해당 상가의 특이한 위치 때문이었다.

해당 상가의 외관 및 내부 모습

1층 내부의 중앙에 위치한 공간(빨간 선으로 표시한 부분)이 매각대상이었다. 번듯한 한 칸의 상가가 아니라 덩그러니 중앙에 위치한 복도였던 것이다. 사진을 보고 든 첫 번째 고민은 '복도로 사용 중인 곳이라 공유부분이라는 이유로 재산권 행사에 제약이 있지 않을까?' 하는 점, 두 번째는 '과연 이 위치를 낙찰받아 뭘 할 수 있을까?' 하는 고민이었다. 아마 다른 사람들도 같은 생각이었는지 유찰을 거듭하고 있었다. 일반적이지 않은 상가 형태여서 필자도 신중히 조사에 들어갔다.

주변의 반대에 부딪친 현실

현장조사를 시작하자마자 난관에 부딪쳤다. 관리실에서는 "해당 공간에 못 하나 박을 수 없다"고 했으며, 다른 구분소유자들(관리단 49명)도 복도 외 다른 용도로 사용하는 것에 대해 모두 반대했다. 낙찰받아도 평생 관리비만 내야 할 뿐 할 수 있는 일은 아무것도 없다고 으름장을 놨다. 해당 공간은 건축물대장상 일반음식점이었다. 구청의 관련 부서에 확인해본 결과, 담당자도 확실한 답변을 내놓지 못했다. 주변의 민원 발생을 우려했기 때문이다. 원칙적으론 용도변경이 가능하나 민원 발생이 있다면 담당자도 어쩔 수 없는 노릇이다.

그러나 필자는 조사할수록 도전해보고 싶은 의지가 강하게 들었다. 우선 해당 부분은 공유부분이 아닌 채무자의 소유가 맞았고 미납관리비도 얼마 되지 않았다. 겉으로 보기엔 오픈상가인 듯 보이나 특정 위치가 구획된 구분상가이므로 이 상가를 낙찰받아 시설하면 엄연한 상가로 사용할 수 있을 듯했다. 구분소유자들의 반대를 어떻게 극복하느냐가 문제인데, 이에 대한 방법을 강구해두고 입찰을 결정했다. 나와 같은 발상을 하는 경쟁자가 한 명은 있을 거란 생각에 입찰가는 최저가보다 500만 원을 더 높인 5,600만 원을 적었다. 하지만 결과적으로 단독낙찰이었다. 아무래도 겉모습이 눈길을 끄는 형태의 상가는 아니다 보니 사람들의 관심을 받지 못한 듯했다.

잔금 납부 후 필자는 관리실을 찾아가 소유자 변동사실을 알렸으며, 구분소유자들의 회의에도 참석을 했다. 길길이 날뛰는 구분소유자들을 침착하게 안심시키며, 이 공간이 복도가 아닌 상가로 변신하면 전체 상가에도 많은 도움이 된다는 점을 거듭 강조했다. 해당 공간에 상가가 들어서면 전체 건물에도 활기가 생기며, 이로 인해 유동인구가 더 늘어서 다른 점포에도 도움이 될 것이기 때문이다. 또한 기존 체납관리비 또한 내가 다 낼 테니 이 또한 건물 운영에 도움이 될 것이란 점을 말했다.

만약 끝까지 동의를 해주지 않을 경우 원칙적으로 할 수도 있으나 기존 사장님들과 마찰을 일으키기 싫고 서로 원만히 협조하며 도움을 드리고 싶다는 뜻을 비쳤다. 지속해서 설득하자 구분소유자들도 고개를 끄덕이며 동의를 해줬다. 다만 장사하는 데 방해되지 않게 공사는 일요일에만 해달라는 요청이었다. 나는 그러겠다고 약속했고, 이렇게 협의가 잘 끝났다.

공간을 만들다

일요일이 되자 벽면 세우는 공사에 착수했다. 오픈상가보다는 벽면을 세워 구획된 공간을 만든 뒤 전용면적 5평씩 나눠 3칸으로 만들면 훨씬 임대가 잘될 듯 싶었기 때문이다. 건물 위치가 좋아 유동인구가 많고 엘리베이터를 타려면 꼭 지나가야 하는 공간이므로 사무실, 네일아트숍, 애견숍, 간이분식점 등이 입점한다면 수요가 충분히 예상되는 곳이었다. 벽면을 세우는 공사에 착수했고 총비용은 1,400만 원이 소요됐다.

벽을 세운 뒤 공간을 나눠 3곳의 구분상가가 됐다.

상가를 만든 뒤 인근 부동산 중개업소에 보증금 1,000만 원, 월세 50만 원에 임대를 의뢰했고, 얼마 되지 않아 3곳 모두 임대를 했다. 3곳에서 들어오는 임대수익은 보증금 3,000만 원, 월세 150만 원이었다. 5,600만 원에 낙찰받아 1,400만 원의 시설비를 들였으니 약 7,000만 원의 비용을 들였지만, 보증금으로 3,000만 원을 회수했으니 내 자본은 4,000만 원만 든 셈이다.

4,000만 원으로 매월 150만 원의 임대료를 얻으니 연 45%의 수익률에 육박한다. 게다가 이 공간은 훗날 증축 리모델링 시 추가 엘리베이터 설치를 위해 반드시 필요한 자리였다. 건설사도 이를 예상하고 회사 소유로 남겨놨던 것인데 채무에 의해 경매로 나와 내가 낙찰받은 것이다. 월세 150만 원씩 임대료를 받다가 훗날 비싸게 매각할 수 있는 곳으로 매우 가치가 높았다.

이 사례를 통해 여러분께 2가지를 당부하고 싶다.

첫째, 고정관념을 탈피하자. 솔직히 처음에 복도처럼 보이는 빈 공간만 봤을 때 '이런 거 낙찰받아 뭐 하나?'라는 생각을 한 분들도 많을 것이다. 하지만 이렇게 조금만 다르게 생각하면 얼마든지 가치를 만들어낼 수 있다.

이 상가는 2년 넘게 보유하며 월세를 잘 받다가 규모가 큰 물건에 입찰할 자금을 마련하느라 대금을 짧은 기간 내 받는 조건으로 1억 9,500만 원에 매각했다. 보증금을 감안하면 실질적으로 4,000만 원을 투자해 2년 만에 1억 원 넘는 돈을 벌었으니 제대로 고른 상가 열 아들 안 부럽다는 말이 딱 들어맞는다.

둘째, 추진력이 필요하다. 경매 물건에 대해 여러 가지 조사를 한 결과 자신이 맞다는 확신이 들면 주변의 반대를 무릅쓰고 진취적으로 밀어붙이는 것도 좋다. 이 상가도 관리실 및 주변 소유자들의 반대에 굴복해 입찰하지 않았더라면 이처럼 달콤한 수익도 없었을 것이다.

03 가치를 만들면 더 높은 수익이 온다

 작은 비누 한 장은 1,000원이지만 조각을 새겨 넣으면 5,000원에 팔린다. 광산에서 가공되지 않은 원석을 찾으면 그리 가치가 높지 못하지만 보기 좋도록 가공하면 그 가치는 천정부지로 오를 수 있다. 그런데도 대다수 투자자는 비누, 원석 상태로 팔려고 하니 잘 팔리지 않는다. 가격이 싼 비누에 조각을 하면 작품이 되고 원석을 가공하면 보석이 되듯, 가치를 창조하는 일은 여러분의 몫이다.

고정관념을 버리자

1. 합격사과

 1991년 가을 일본의 아오모리현에 태풍이 몰아쳐 수확기를 앞둔 사과의 90%가 땅에 떨어졌다. 다들 한숨만 쉬고 있을 때 한 농부는 발상의 전환을 해 떨어지지 않은 10%의 사과에 '태풍에도 버틴 사과, 시험에 절대 떨어지지 않는 합격 사과'라는 브랜드를 만들었다. 기존 사과값의 10배를 붙였음에도 일본 전역의 수험생을 둔 학부모에게 선풍적인 인기를 끈 덕분에 불티나게 팔려나갔다.

2. 에스키모 냉장고, 아프리카 난로

에스키모에게 냉장고를 팔고, 아프리카에 가서 난로를 파는 것이 가능할까? 믿기지 않겠지만 이는 발상의 전환으로 고정관념을 보기 좋게 깨뜨린 한 영업맨의 실화다.

'에스키모에게 왜 냉장고가 필요할까?', '더운 아프리카에서 과연 난로를 쓸까?' 하는 의문이 들 수 있다. 하지만 항상 꽁꽁 얼어 있는 음식을 접해야 하는 에스키모로서는 음식을 제때 먹기 좋고 신선하게 보관할 수 있는 저장고가 필요했다. 일교차가 큰 아프리카에서는 기온이 심하게 떨어지는 밤에 난로가 있다면 큰 도움이 될 수 있다.

3. 사막에서 신발 팔기

신발회사의 두 영업맨이 아프리카 사막을 찾았다. 하지만 사람들은 맨발로 다닐 뿐 신발을 신은 사람이 아무도 없었다. 한 영업맨은 '신발을 팔긴 글렀네. 아무도 신발을 원하지 않는데 어떻게 팔겠어?' 하며 낙담한 채 돌아왔다. 하지만 남은 영업맨은 '아무도 신발을 신고 있지 않으니 여긴 잠재 고객들이 엄청나네' 하는 발상의 전환으로 무수한 고객을 발견했다.

이렇듯 같은 상황을 보고도 낙담하기는커녕 고정관념을 탈피해 합격사과, 에스키모 냉장고, 아프리카 난로, 사막에서 신발 팔기 등을 이뤄낼 수 있다.

경매도 마찬가지다. 앞서 사례로 등장한 복도형 상가가 처음부터 번듯한 구획상가였다면 많은 사람의 이목을 끌었을 것이고 이렇게 유찰되지도 않았을 터다. 결국 칸막이 공사라는 아이디어 하나가 경쟁 없는 낙찰로 연결됐고 고수익을 안겨줬다.

발상의 전환이라고 해서 꼭 엄청난 생각을 해내란 것이 아니다. 이렇듯 간단한 시설 설치를 통해서도 얼마든지 가치를 높일 수 있다. 또한 이런 경험이 축적되면 경매 물건을 보는 시야가 넓어지고 고수익을 올릴 기회도 많아진다.

04 토지 낙찰 한 건으로 7억 원의 수익을 벌다

경기도 포천에 위치한 토지가 경매에 나왔다. 계획관리지역에 위치한 5,491㎡(1,661평) 농지였는데, 해당 농지는 묵정밭(농사를 짓지 않고 방치되어 있는 밭) 상태이며, 다리 건너에 위치해 있

소재지	경기도 포천시						
물건종별	농지	감정가	831,138,000원	오늘조회: 1 2주누적: 0 2주평균: 0			
				구분	입찰기일	최저매각가격	결과
토지면적	5491㎡(1661.028평)	최저가	(51%) 425,542,000원	1차	2014-08-22	831,138,000원	유찰
				2차	2014-09-26	664,910,000원	유찰
건물면적		보증금	(10%) 42,554,200원	3차	2014-10-31	531,928,000원	유찰
				4차	2014-12-05	425,542,000원	
매각물건	토지 매각	소유자	민	낙찰 : 544,850,000원 (65.55%)			
				(입찰3명,낙찰:)			
개시결정	2014-04-11	채무자	민	매각결정기일 : 2014.12.12 - 매각허가결정			
				대금지급기한 : 2015.01.20			
사건명	임의경매	채권자	광	대금납부 2015.01.19 / 배당기일 2015.02.05			
				배당종결 2015.02.05			

경매 나온 해당 농지

었다. 감정가가 약 8억 3,100만 원인데 3번의 유찰을 거쳐 최저가가 4억 2,500만 원에 형성되어 있었다.

토지 전경(다리 건너 해당 필지가 있다)

겉으로 보기엔 단순한 농지라서 가치가 낮아 보이지만 내 생각은 달랐다. 우선 서울에서 1시간 거리고, 토지 인근에 ○○스키장이 위치해 있어 지리적 요건이 좋았다. 전원주택지를 만들면 현재 묵정밭인 상태보다 훨씬 가치를 높일 수 있단 생각에 입찰하기로 결심해서 낙찰로 이어졌다.

낙찰가는 약 5억 4,000만 원으로 평당 32만 원 꼴이지만 이미 인근 농지 시세는 60~70만 원에 육박해 있었고 여기에 상하수도를 넣어 전원주택지를 만들면 평당 100만 원에도 분양이 가

스키장 인근에 위치한 토지 위치

능할 것으로 예측했다. 즉, 이 땅은 17억 원의 가치가 될 수 있는 땅이었던 것이다.

전원주택지 분양을 하다

낙찰 뒤 해당 토지를 정비한 뒤 필지를 나눠 전원주택지 분양을 시작했다. 계곡을 바라보는 필지 위에 우선 샘플 하우스 한 채를 지어, 오시는 고객들에게 멋진 전망을 보여드렸다.

샘플 하우스(창밖으로 계곡 흐르는 모습이 보임)

필지 정비 모습　　　　　　　　　전원주택 조감도

필지 분양가는 위치마다 다르긴 해도 평당 100~120만 원이었고, 분양평수는 100평~150평으로 분양가격은 1억 원~1억 8,000만 원 정도였다. 일반적으로 땅 100여 평에 건물면적 30평 기준, 3억 원 내외의 전원주택을 선호하므로 토지 가격과 건축

비용을 감안했을 때 적정한 가격이 되도록 노력했다. 예상대로 고객의 기호에 적중해 계곡을 바라보는 위치의 필지는 그리 오래지 않아 분양이 완료됐다. 전체 토지 낙찰가가 약 5억 4,000만 원이었는데 일부 필지 분양만으로도 이미 9억 원이 회수된 것이다.

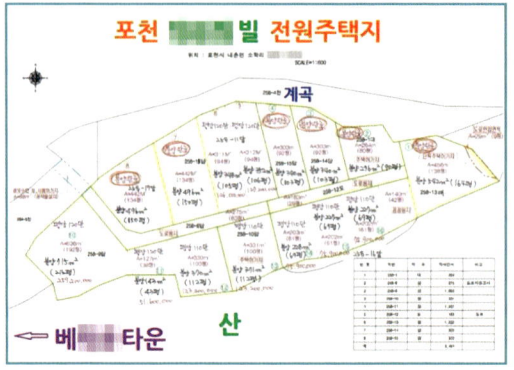

전원주택지 분할도

5	3번가처분등기말소	2016년5월25일 제19065호	2016년5월18일 해제	
6	소유권이전	2016년7월13일 제27590호	2016년7월1일 매매	소유자 김 62 -******* 서울특별시 동대문구 망우로 호 (휘경동,) 거래가액 금138,000,000원
7	4번가등기말소	2016년7월13일 제27594호	2016년7월4일 해제	

138평 부지를 1억 3,800만 원에 산 고객의 등기부 내역

   이 사례 역시 가공을 하면 더욱 높은 수익을 얻을 수 있단 점을 보여준다. 낙찰받은 땅을 그대로 팔려고 했으면 큰 토지 면적과 가격 탓에 시간이 더욱 걸리고, 매수자도 쉽게 만나지 못했을 것이다. 그만큼 매도까지 오랜 시간과 목돈이 묶여 있을 수 있었는데, 전원주택지로 개발해 분할해 매각하니 파는 사람도 좋고, 사는 사람도 부담이 없어 좋다. 결론적으로 다수의 매수자가 있는 제품으로 업그레이드하는 것도 경매의 기술이다.

05 경매로 처분하는 것도 기술이다

앞선 포천의 사례에서 계곡이 보이는 필지는 빠르게 분양이 완료됐으나, 계곡이 보이지 않는 곳은 상대적으로 분양이 더디게 진행됐다. 물론 이는 처음에도 예상했던 일이었다. 필지를 나누면 더 좋은 위치가 있고, 덜 좋은 위치가 있기 마련이기 때문이다. 계속 분양을 진행해도 됐으나 분양상담사에게 고정 비용이 지출되는 점, 당시 다른 물건의 입찰을 위해 목돈이 필요한 점 등을 고려해 남은 땅을 한번에 매각할 방법을 모색했다.

인근 부동산 중개업소에 매물로 내놨으나 생각만큼 빠른 거래가 이뤄지진 않았다. 따라서 계속 기다리기보다는 적극적으로 방법을 강구해야 했다. 바로 경매로 처분하는 일이었다. 지인을 채권자로 세워 경매를 접수한 뒤 매각 진행 절차를 진행하면 도움이 될 듯했다. 경매는 수많은 사람들에게 매물을 보여주는 식이라 일반 매매보다 훨씬 팔릴 가능성이 높았다. 만약 원하는 가격에 매각되지 않고 계속 유찰되면 취하하는 방법도 있다. 하지만 토지의 가치를 봤을 때 4억 원 이상에서 낙찰될 가능성은 충분히 있었다.

이윽고 경매 개시가 됐고 감정가는 7억 8,000만 원이었다. 6개월 후 첫 매각기일이 잡혔다. 나름 의연한 척했지만 매각기일이 다가올수록 긴장된 마음이 드는 건 경매 베테랑인 나도 어쩔 수 없었다. 결론적으로 해당 토지는 2번의 유찰을 거쳐 최저가가 3억 8,300만 원 상태에서 3명의 입찰자의 경쟁 속에 4억 3,000만 원에 낙찰이 됐다. 예상대로 4억 원이 넘은 가격에 낙찰된 것이다.

경매 낙찰된 내역

애초 5억 4,000만 원에 낙찰받아 4억 6,000만 원을 대출받았으니 내 자본은 1억 원 정도 투입됐다. 그 후 분양한 토지 대금이 9억 원, 경매로 매각한 토지 대금이 4억 4,000만 원이니 총대금이 13억 4,000만 원 정도다. 대출금과 애초 투자 비용 1억 원을 빼면 이 토지 한 건으로 8억 8,000만 원가량 수입이 나왔다. 여기에 분양상담사 비용, 대출 이자 등 기타 부대 비용이 들었지만, 이를 감안하더라도 제대로 낙찰받은 토지 한 건이 7억 원이 넘는 수익을 안겨줄 수 있다는 사실을 보여주는 사례다.

06 알짜 땅을 싸게 낙찰받는 전략

좋은 토지는 가격이 비싸고 매물이 없는 경우가 많다. 하지만 경매를 통하면 좋은 토지도 값싸게 얻을 수 있다. 채무를 변제하지 못할 만큼 채무자가 곤궁한 상황이라면 아무리 좋은 토지라도 경매에 등장하기 때문이다.

소재지	경기도 파주시					
물건종별	대지	감정가	1,004,122,440원	오늘조회: 1 2주누적: 3 2주평균: 0		
토지면적	전체: 1784㎡(539.66평) 지분: 1132.94㎡(342.714평)	최저가	(49%) 492,020,000원	구분	입찰기일	최저매각가격	결과
				1차	2019-05-01	1,004,122,440원	유찰
				2차	2019-06-05	702,886,000원	유찰
				3차	2019-07-10	492,020,000원	
건물면적		보증금	(10%) 49,202,000원	낙찰: **614,400,000원 (61.19%)**		
매각물건	토지만 매각이며, 지분 매각임	소유자	문	(입찰10명,낙찰:고양시 차순위금액 605,500,000원)		
				매각결정기일: 2019.07.17 / 매각허가결정		
개시결정	2018-11-13	채무자	문	대금지급기한: 2019.08.23		
사건명	임의경매	채권자	군	대금납부 2019.08.23 / 배당기일 2019.09.25 배당종결 2019.09.25		

경매 낙찰 결과 내역

파주시에 위치한 토지(342평)가 경매에 나왔다. 157평, 131평, 53평(도로 지분)으로 이뤄진 총 세 필지의 토지였다. 매각물건의 구분에는 토지 지분이라고 표기됐는데, 이는 도로로 이뤄진 한 필지가 지분형태의 공유관계이기 때문이다.

해당 토지 모습   지도로 본 필지 모습

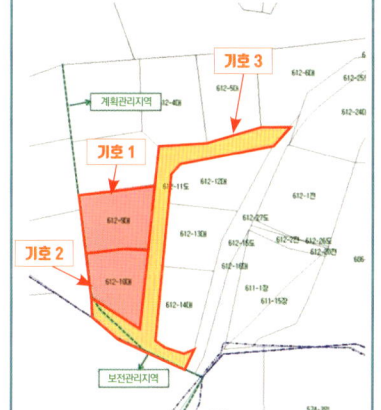

경매 진행된 해당 필지(분홍색 표시 부분)와 도로 지분

매각이 진행된 필지는 기호 1, 2의 면적과 도로에 해당하는 기호3의 지분 면적이다. 해당 필지는 애초 개발업자가 전체 면적을 개발한 후 도로 지분을 포함한 필지들을 분양한 사례다.

두 필지와 도로 지분까지 총 세 필지의 면적을 매입한 소유자가 채무를 변제하지 못해

목록		지번	용도/구조/면적/토지이용계획	㎡당 단가 (공시지가)	감정가
토지	1	동패동	제한보호구역(전방지역:25km) 계획관리지역	대 522㎡ (157.905평)	990,000원 (610,200원)	516,780,000원
	2	동패동	제한보호구역(전방지역:25km) 계획관리지역	대 434㎡ (131.285평)	990,000원 (610,200원)	429,660,000원
	3	동패동	제한보호구역(전방지역:25km)	도로 176.94㎡ (53.524평)	326,000원 (187,100원)	57,682,440원
			면적 소계 1132.94㎡(342.714평)		소계 1,004,122,440원

매각이 진행된 토지 현황

경매에 등장한 물건이었다. 감정가 10억 원의 토지를 약 6억 1,400만 원에 낙찰받아 80%의 대출을 받았으니 실투자금은 1억 3,000만 원 내외로 소요됐다.

해당 토지는 공시지가만 해도 평당 200만 원 이상이며, 시세는 평당 300~350만 원을 호가한다. 이곳은 계획관리지역이며 지목이 '대'로써 도로 요건까지 갖춘 곳이라 형질변경과정이 소요되지 않고 바로 건축허가가 가능하다. 이런 토지를 경매를 통해 평당 170만 원대에 낙찰받았으니 공시지가보다도 저렴하게 취득했다. 해당 토지의 매각 시기는 양도소득세를 감안해서 2년 후로 예상했다. 그사이 낙찰자는 이곳에 캠핑 음식점을 건축, 운영할 생각을 하고 있다. 이곳은 지척에 신도시가 개발 중이어서 많은 세대가 입주할 예정이다. 해당 토지는 자연을 품고 있으며

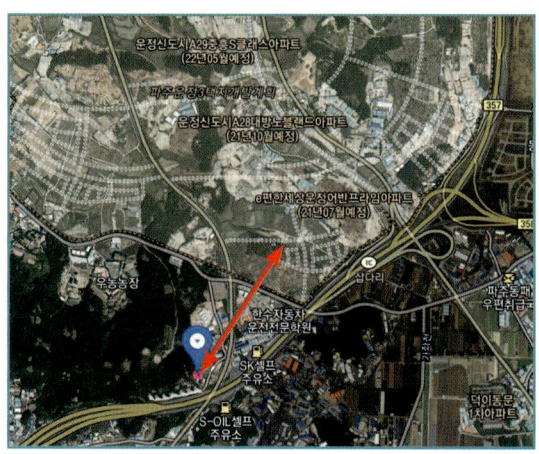

신도시 옆에 위치한 해당 토지

지대가 높아 풍광이 한눈에 내려다보이므로 캠핑 콘셉트의 음식점을 운영하면 풍부한 아파트 세대 수요자의 구미와 잘 맞아떨어질 것으로 예상한다.

좋은 토지는 경매로부터

매매로 좋은 토지를 싸게 사기는 어렵다. 파는 입장에서는 한 푼이라도 더 받고 싶은 게 인지상정이기 때문이다. 간혹 개인 사정으로 급매라는 이름을 달고 매물이 나오기도 하지만, 진짜 좋은 매물은 일반 매수자에게 전해지지 않는다. 그 이유는 물건을 부동산 중개업소에서 직접 취하거나(물론 직접 거래는 공인중개사법 위반이므로 명의를 달리해서 말이다), 직접 취하기가 여의치 않다면 평소 높은 중개보수를 주는 고객에게 먼저 연락할 것이다. 그러니 부동산 중개업소와 신용이 쌓이지 않은 상태에서 단순히 중개업소를 방문해 "급매 있어요?"라고 묻는 건 마치 부동산 투자에 초보임을 드러내는 것과 같다. 결과적으로 좋은 물건을 값싸게 구입할 수 있는 길은 경매(공매)뿐이다. 그러므로 부동산 재테크를 통해 부를 쌓고 싶은 분들은 반드시 경매를 배워야 한다.

그뿐 아니라 남들 몰리는 중소형 평수 아파트만 좇으면 큰 수익을 기대하기 어려우니 토지에 눈을 돌리면 좋다. 어느 토지에 투자해야 할지 감이 오지 않는다면 실력 높은 경매 전문가를 통해 노하우를 배울 수 있을 것이다.

07 현재 모습보다 미래 모습을 그려라

앞선 포천과 파주의 예처럼 토지에 대한 눈을 뜨면 높은 수익을 안겨줄 수 있는 사례는 무궁무진하다. 그러니 여러분도 아파트 투자만 고집하지 말고 눈을 넓혀 다양한 물건에 도전해보기 바란다. 토지에 투자할 때는 현재 보이는 모습만으로 가치를 판단하지 말고 미래 모습을 그리면 좋다.

보는 사람 눈은 똑같다. '보기 좋은 떡이 맛도 좋다'는 속담이 있듯, 고객들이 가장 먼저 빼앗기는 게 시선이다. 토지의 변신은 무죄다. 지목 변경 또는 형질 변경 등 어떤 행위를 했느냐에 따라 토지의 몸값이 달라진다.

예를 들어 시골 땅을 지나가다 보면 움푹 패어 주변의 나무나 덩굴로 스산한 분위기를 연출하는 땅들이 있다. 이런 땅에는 이

따금 쓰레기들이 모여들기도 하면서 토지의 미관을 해친다. 또한, 도로보다 높이가 낮아 건축이 어려운 땅도 있다. 이런 땅들은 지반 위에 흙을 쌓아 올리는 성토 작업만으로도 가치가 달라진다.

경사진 땅도 마찬가지다. 당장 보기엔 가치 없어 보이지만 경사진 부분의 땅을 깎는 절토 과정을 거쳐 가치 있는 땅으로 변신하기도 한다. 물론 성토 및 절토와 같은 작업들은 비용이 소요되므로 투자 전후 가치를 잘 따져봐야 함은 당연하다.

못난이 땅을 꾸며라

대형마트에 가면 못생긴 감자나 고구마 등을 모아 싸게 팔 듯, 토지 시장에도 모양이 네모반듯하지 않고 못생겼거나 길이 없는 등의 못난이 상품은 가격이 낮게 팔린다. 이런 땅들은 일명 천덕꾸러기 땅으로 수요자가 적기 때문이다. 그러나 고수들은 별 볼일 없어 보이는 땅을 볼일 있는 땅으로 만들어 되판다. 그 안에 남겨진 높은 차익은 고스란히 고수의 몫이다. 따라서 이런 점을 노리고 일부러 위치, 형상, 방향, 고저, 지반 등에 문제가 있는 땅만 찾아다니는 고수 투자자들도 적지 않다. 못난이 땅을 시세보다 저렴하게 구입해 예쁘게 탈바꿈시키며 투자금 대비 2~3배 이상의 수익을 거뜬히 낼 수 있는 역발상 투자를 하는 것이다.

그런데도 투자 경험이 적은 사람들은 그저 예쁜 토지를 고르는 것이 현실이다. 복잡한 상황에 부딪치기 싫고 애초에 최소한의 발품으로 진행할 수 있는 상태를 원하기 때문이다. 여러분은 어떠한가? 토지를 꾸며 팔고 싶은가, 아니면 꾸며진 토지를 사고 싶은가? 이 책을 읽는 독자들은 투자 마인드가 풍부할 것이므로 파는 쪽을 선택할 것이다. 그러기 위해선 현재 보이는 대로 토지 가치를 판단하지 말고, 어떻게 꾸며 팔 것인가 하는 토지 성형 마인드를 키우길 바란다.

08 돈 되는 토지 구분법

전원주택지 입지선정에서 고객이 가장 중요하게 생각하는 것은 물 좋고 공기 맑은 쾌적한 자연환경이다. 우리가 도시생활에서 가장 부족하다고 느끼는 점, 그래서 굳이 전원주택을 찾으려는 주된 동기도 여기에 있다고 볼 수 있다. 따라서 전원주택지는 탁 트인 전망에 맑은 공기와 향긋한 자연의 냄새가 넘치는 그런 곳이 인기가 좋다. 여기에 가까운 계곡에 맑은 물이 사시사철 흐른다면 금상첨화다.

도시인이 직장을 다니면서 전원생활을 결심한 경우, 은퇴 후 여유로운 노후생활을 위해 전원주택을 구하는 경우 등 전원주택 생활의 목적은 다양하지만, 새로운 곳에 대한 두려움은 누구에게나 있기 마련이다. 새 전원주택을 온 가족의 주거지로 쓴다고 해도, 종전에 살던 도시지역과 너무 멀리 떨어지면 불안한 느낌을 떨칠 수 없는 것이 사실이다. 이런 의미에서 도로와의 접근성이 중요하다. 잘 뚫린 고속도로와 인터체인지 그리고 지방도 등은 주행 시간을 대폭 단축시켜주므로 전원주택지는 포장된 지방도로를 지나 자동차로 5분~15분 정도 들어가는 한적한 곳이면 좋을 것이다.

도로, 상하수도, 전봇대, 통신주를 살펴라

아무리 입지가 좋고 주변 환경이 마음에 든다 해도 도로가 없으면 집을 지을 수 없다. 도로는 집을 짓고 못 짓는 운명을 좌우하는 매우 중요한 요소다. 통상의 건축물의 도로는 폭이 4m 이상이어야 하고, 도로가 2m 이상 부지에 접해야 한다. 다만 해당 필지가 면 이하 '리'지역에 위치한 비도시지역(용도지역)이라면 현황도로로 건축이 가능하다.

    도로가 없다면 도로부지를 추가로 구입하든지 소유자의 토지사용승낙을 받아야 한다. 도로가 확보되어야 비로소 농지 또는 산지의 전용과 건축허가를 받을 수 있기 때문이다.

일단 땅이 만들어지면 그 위에 지어지는 집이 어떻게 기능할 것인지를 생각해야 한다. 집은 사람의 순환기 구조와 똑같다. 물과 공기를 들여야 하고 사용한 것은 배출해야 한다. 그걸 운용하는 것이 설비 시스템이다. 설비 시스템은 대부분 땅속으로 들어간다. 들이는 물(상수도)과 버리는 물(하수도)을 어떻게 처리할 것인지를 제일 먼저 봐야 한다. 아무리 풍광 좋은 곳이라도 식수 공급이 안 되면 집을 지을 수 없다. 상하수도 공급지역이 아니면 상하수도 인입 비용을 부담하고 설치하거나 관정을 파서 지하수를 얻고, 개별 정화조를 설치해야 한다. 관정을 파는 경우 대략 800~1,000만 원가량 비용이 소요되며, 개별하수처리시설을 갖추기 위해서는 1,000~2,000만 원의 비용이 소요된다.

전원주택의 신축에 있어 또 하나 생각할 점이 전기와 전화다. 도시지역에서야 전기 걱정이 없지만, 마을에서 멀리 떨어진 시골 토지들은 인근에 전봇대가 없는 경우도 많다. 이런 경우 전기를 새로 가설해야 하는데, 이때 거리 기준은 이미 설치되어 사용하는 전기 선로 중 최단 거리에 있는 전봇대 기준이다. 마을 끝에 위치한 전봇대에서 직선거리로 200m까지는 약 23만 원의 불입금을 내면 기본으로 가설해주지만, 그 이후에는 1m가 추가될 때마다 약 43,000원(지역에 따라 다름, 정확한 정보는 한전에 문의해야 한다)을 부담한다. 해당 토지가 최단거리 전봇대에서 1km 떨어진 곳이라면, 약 3,500만 원의 전기가설비가 추가 부담되는 셈이다.

전화 및 인터넷 라인은 기존에 설치된 통신주로부터 80m 이내 거주할 경우에만 무료로 제공된다. 80~200m 거리에 있으면 통신주(40~50m 간격으로 설치) 하나당 10만 원을 부담해야 하고, 200m를 넘으면 지원금이 줄어들고 공사 실비가 청구되므로 개인 부담 비용이 크게 늘어나는 구조다.

 한 예로 기존 통신주로부터 약 1km의 거리에 떨어진 곳에서 한전에 문의한 결과, 새 통신주를 20개 가량 설치해야 한다며 1,500만 원의 견적이 나온 적도 있다.

 이렇듯, 전원주택지에서는 도시생활에서 전혀 생각하지 못했던 상하수도, 전기, 전화 가설비용이 추가 발생할 수 있으니 해당 토지의 위치가 상하수도 시설과 얼마나 떨어져 있는지, 마을 끝에 위치한 전봇대 및 통신주와의 거리가 얼마인지를 반드시 확인해야 낭패가 없다.

Part 3

상가 투자로
월세 부자 되는 법

01 월세 로망 이루려면 돈 되는 상가를 고르자

 월세 잘 나오는 부동산을 갖는 건 은퇴를 앞둔 직장인만의 이야기가 아닌 대다수 사람의 소망이다. 일을 하지 않아도 월급 걱정 없이 꼬박꼬박 나오는 월세는 마치 마르지 않는 샘물과 같다. 경제적 자유를 얻고 싶은 많은 사람들에게는 부러움의 상징이다. 이런 부러움을 이루고자 많은 사람들이 상가 경매에 도전하지만, 일부 사람들만 수익을 이룰 뿐 대다수가 낙찰에 실패하거나 또는 낙찰받고도 수익을 내지 못하는 경우도 허다하다. 왜 그럴까?

 보통 경매를 하다 포기하는 사람들은 대부분 경쟁을 피하는 방법을 몰라서 그렇다. 기본적인 상가 경매를 누가 낙찰받겠는가? 당연히 금액을 제일 많이 써내는 사람이 받는 것이다. 경매가 이처럼 대중화된 시점에서 누구에게나 좋아 보이는 물건에 입찰하면 번번이 낙찰에 실패하거나 낙찰받더라도 고가로 받는 경우가 많다. 그러니 반복적으로 패찰을 하면 의지와 열정이 사라져서 경매 시장을 떠나고, 낙찰받았는데 수익이 나지 않으면 '경매 별것 없네' 하는 자조적인 말을 남기며 시장을 떠난다.

사전에 꼼꼼한 분석은 필수

이렇듯 상가를 낙찰받는다고 모두 수익이 나는 것은 아니니 사전에 꼼꼼한 조사가 필요하다. 상가 투자의 목적은 임대수익률이며, 향후 시세차익까지 겸비할 수 있으면 일석이조다. 다만 두 마리 토끼를 다 잡으려다 한 마리도 못 잡는 사태가 발생할 수 있으므로 이를 예방하기 위해선 투자 전에 입지 분석이 필요하다. 현재 배후수요가 풍부한지, 향후 가치가 높아질 지역인지 여부 등 말이다. 또한 임대료, 관리비 수준, 임차인 영업환경 등도 조사해야 한다.

투자 시점의 인근 유사빌딩에 대한 임대료와 관리비 수준, 공실 현황 등을 조사해보면 투자 대상 임대가격의 적정성을 파악할 수 있으며, 이를 근거로 투자 후 임대료에 대한 증액과 감액 수준을 판단할 수 있다. 이는 향후 공실에 대한 임차인 유치 여부도 예측이 가능하다. 공실 위험관리 전략으로는 임대업종 구성의 조정과 임대조건의 인센티브 부여, 임대료의 단계별 조정 등 다양하다.

02 3,000만 원 투자로 300만 원 월세 받는 법

소재지	경기도 파주시			8층 801호외2개호 도로명검색 지도 지도			
				오늘조회: 1 2주누적: 1 2주평균: 0 조회동향			
물건종별	근린상가	감정가	1,000,000,000원	구분	입찰기일	최저매각가격	결과
				1차	2014-06-10	1,000,000,000원	유찰
대지권	92.93㎡(28.111평)	최저가	(34%) 343,000,000원	2차	2014-07-15	700,000,000원	유찰
					2014-08-19	490,000,000원	변경
건물면적	506.59㎡(153.243평)	보증금	(10%) 34,300,000원		2014-09-23	490,000,000원	변경
				3차	2014-10-28	490,000,000원	유찰
					2014-12-02	343,000,000원	변경
				4차	2015-01-08	343,000,000원	
매각물건	토지·건물 일괄매각	소유자	김	낙찰 : 468,850,000원 (46.89%)			
				(입찰8명,낙찰:고양 / 차순위금액 465,900,000원)			
개시결정	2014-02-04	채무자	김	매각결정기일 : 2015.01.15 - 매각허가결정			
				대금지급기한 : 2015.02.13			
사건명	임의경매	채권자	하	대금납부 2015.02.10 / 배당기일 2015.03.13			
				배당종결 2015.03.13			

경매 낙찰 결과

경기도 파주시에 위치한 상가건물이 경매에 나왔다. 도로에 접한 건물이었으며, 주위에 아파트 단지가 분포되어 있었다.

건물의 8층에 위치한 801, 803, 804호가 일괄 매각됐다. 총건물 전용면적이 153평으로, 분양면적으로는 300평 가까이 되는 큰 면적이었다. 감정가는 10억 원이었으며 3회 유찰된 상태에서 입찰을 해서 약 4억 6,800만 원에 낙찰받았다. 아무래도 높은 층에 위치했고 면적이 큰 점 등의 이유로 다른 사람들의 이목을 끌지 못한 게 유찰의 원인인 듯했다.

상가 전경 및 내부 모습   호별 배치도

이 상가는 낙찰가에 근접하는 4억 6,000만 원을 대출받았으며, 취득세 등을 감안하면 실투입자본은 약 3,000만 원가량 소요됐다(참고로 상가 대출을 알아볼 때는 여러 은행의 대출상품을 비교해보는 것이 좋다. 추가로 공사를 진행했으면 기업자금대출+시설자금대출까지 나와서 대출을 더 받을 수도 있다).

얼마 되지 않아 임대가 이뤄지다

당시 이 물건을 낙찰받은 이유는 4가지였다. 지은 지 8년 정도 된 건물이었는데 분양가 대비 가격 하락이 많이 된 점, 인근에 아파트 단지가 포진해 있어 스포츠 관련 업종 수요가 있는 점, 향후 인근에 GTX가 개통될 것으로 예상된다는 점, 옆 호수인 805, 806호에서 요양병원을 운영 중이어서 낙찰받은 상가에 요양원을 운영해도 좋을 것 같다는 점 등이었다.

낙찰받은 후 우선 801, 803호를 임대로 내놨다. 804호는 내 사무실 지점으로 쓸 생각이어서 임대를 하지 않았다. 임대 놓은 지 얼마 지나지 않아 축구교실을 하겠다는 임차인이 나타났고, 801호와 803호를 임대했다. 801호 임대료는 보증금 3,000만 원에 월세 130만 원, 803호 임대료는 보증금 1,000만 원에 월세 70만 원으로 총보증금 4,000만 원을 받고, 200만 원이 매달 월세로 들어오는 구조였다.

보증금으로 받은 4,000만 원으로 애초 투입된 자본금을 모두 회수하고도 여윳돈이 생겼다. 한 달에 부과되는 125만 원의 대출 이자는 월세에서 내고도 남는 구조였다. 게다가 내 지점 사무실까지 생겼는데 말이다.

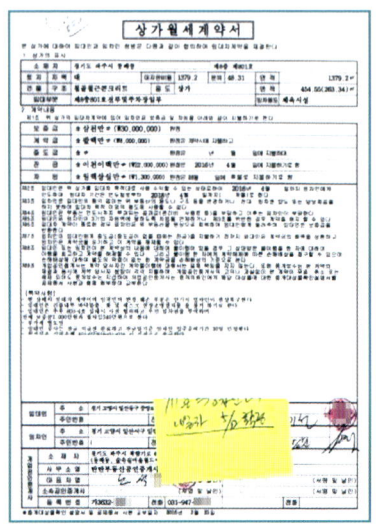

801호 임대차 계약서
(보증금 3,000만 원, 월세 130만 원)

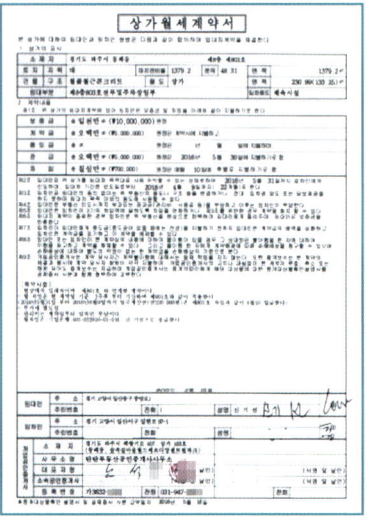

803호 임대차 계약서
(보증금 1,000만 원, 월세 70만 원)

임차인과 2년의 임대기간이 끝나자 임차인은 축구교실의 효율적 경영을 위해 801호에서만 축구교실을 계속하고 803호는 계약을 만료했다. 그래서 803호만 임대를 다시 내놨는데 사무실로 쓰길 원하는 새 임차인에게 임대가 됐다. 게다가 새 임차인은 지점 사무실로 쓰는 804호까지 임대하길 원했다. 마침 나도 지점 사무실의 이전을 고려하고 있던 터라 쉽게 협의가 이뤄졌고, 803, 804호는 보증금 2,000만 원에 월세 180만 원으로 계약됐다. 801호는 종전처럼 보증금 3,000만 원, 월세 130만 원이니 계산하면 총보증금 5,000만 원에 월세 310만 원의 계약이었다.

앞서 처음 투입된 3,000만 원의 자본금 중 보증금으로 이미 5,000만 원을 회수했고, 다달이 내는 125만 원이 대출 이자는 310만 원의 월세에서 내고도 월 185만 원씩 남는 구조다.

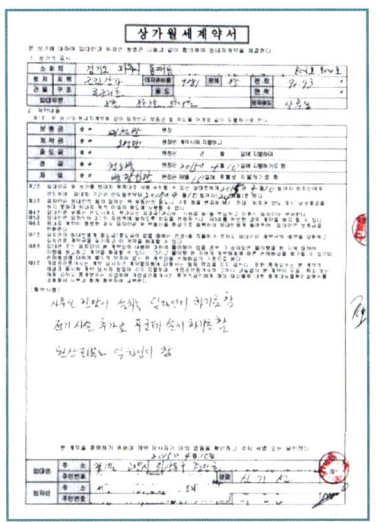

803, 804호 임대차 계약서
(보증금 2,000만 원, 월세 180만 원)

03 돈 한 푼 없이 1억 5,000만 원 벌다

앞서 말했던 8층 상가를 낙찰받았던 큰 이유는 향후 인근에 GTX가 개통될 것으로 예상됐기 때문이다. 그런데 막상 2년의 시간이 흐르자 예상과 다르게 GTX가 다른 방향으로 개통된다는 뉴스가 나왔다. 이 상가는 임대수익뿐 아니라 시세차익을 목표로 낙찰받은 상가이므로 호재가 없다면 오래 보유하는 게 무의미했다. 물론 월세를 통해 안정적인 수익은 마련되지만, 당시 나는 현금을 굴리며 다양한 물건에 입찰하면서 시세차익을 보는 투자를 즐겨 했으므로 단순히 월세 수익만을 목표로 하진 않았다.

물건을 정리해야겠다고 마음을 먹고 인근 부동산 중개업소에 매물을 내놓은 뒤, 지인을 통해 경매에도 물건을 접수시켰다. 경매는 전국에서 수많은 사람이 지켜보므로 한번에 많은 사람들에게 매각물건을 노출시키는 데 그만이다. 다만 경매는 시세보다 싸게 낙찰된다는 단점이 있지만, 애초에 산 가격이 저렴하다면 충분히 시세차익을 누리면서 빠른 매도가 가능하다. 결과적으로 해당 상가는 10억 원의 감정가에서 두 번의 유찰을 거쳐 6억 1,300만 원에 낙찰됐다.

경매 낙찰 결과 내역

남들이 기피하는 물건을 찾는 이유

처음 낙찰받은 가격이 약 4억 6,800만 원이었고, 대출과 임대보증금 회수를 통해 내 자본의 투여 없이 3년여 보유하는 동안 월세를 잘 받고 있다가 6억 1,300만 원에 매각됐으니 1억 5,000만 원의 시세차익을 보고 판 것이다. 이처럼 상가를 잘 고르면

적은 자본으로도 얼마든지 수익을 낼 수 있다. 다만, 남들이 보지 못하는 진면목을 볼 줄 알아야 입찰할 물건이 늘어난다. 그렇지 않고 모든 사람 눈에 좋아 보이는 물건만 고집하면 소문난 잔치에 먹을 것이 없어 수익을 내지 못할 수도 있다.

앞선 사례가 만약 전면에 위치한 1층에 소형 평수였다면 내가 낙찰받을 순 없었을 것이다. 나보다 훨씬 높은 가격을 쓰는 사람들이 많을 것이기 때문이다. 하지만 남들이 기피하는 8층 위치에 대형 평수인 덕분에 감정가의 46% 가격에 낙찰받을 수 있었다. 저렴하게 낙찰받은 덕분에 낙찰가에 육박하는 대출을 받을 수 있어 임대보증금을 감안하면, 내 자본 투자 없이 월세로 높은 수익을 내다가 시세차익까지 얻을 수 있었다. 이는 남들이 기피하는 물건을 공략해야 고수익을 얻을 수 있다는 것을 다시 한번 일깨워준 사례다.

04 쉽게 상권분석 하는 법

　월세 잘 나오는 상가를 낙찰받아 임대수익에 시세차익까지 얻는 전략은 투자자들의 로망이다. 로망을 실현하기 위해 제대로 된 상가를 만나려면 옥석을 가려야 한다. 아파트는 규격화되어 '몇 평형에 시세가 얼마 선'이라는 식으로 거래가 가능하지만 상가는 어렵기 때문이다. 각 상가마다 입지도 다르고 평형대가 제각각이라 인근의 부동산 중개업소에서도 정확하게 가격을 정하지 못하는 경우가 많다. 상가 주인이 "얼마까지 받아주세요"라고 하면 가감 없이 매수 희망자에게 전달하는 식으로 주먹구구 거래가 이뤄지는 경우도 많다. 이런 의미에서 각 상가가 좋은지 나쁜지, 또는 투자할 만한지 그렇지 않은지는 답이 각각 다를 수밖에 없다.

상가의 가치를 판단할 때 가장 중요한 부분은 이 상가를 '누가', '어떻게' 이용하느냐다. 즉, 수요가 얼마나 많은지를 확인하는 것이 포인트다. 아파트 주변에 위치한 상가의 경우 물건지 주위의 아파트 세대수를 합해보면 아파트 수요를 확인할 수 있다. 직장인 수요의 경우에는 회사의 규모를 보면 직장인 수요를 계산할 수 있다. 아무리 좋은 입지에 있는 상가라고 해도 수요가 부족하거나, 상가의 공급이 많은(또는 많아질) 곳은 좋은 상가 입지라고 할 수 없다. 또한 물건 근처에 경쟁업종이 들어올 수 있는 공실과 경쟁 건물을 지을 수 있는 토지가 있는지를 확인해야 한다.

로드뷰를 적극 활용하자

먼저 지도를 통해 주변의 아파트 및 오피스텔 등 수요 규모를 파악하고, 다음으로 로드뷰를 통해 상가의 층과 업종 등을 확인한다. 경매로 진행되는 물건인 경우 해당 층뿐만 아니라 다른 층에 어떤 업종이 있는지도 확인한다. 또한 건물의 맨 꼭대기 층까지 입점해 있는지를 확인해야 한다. 꼭대기까지 입점이 됐다면 상권이 매우 좋다는 방증이다. 사람들은 불편한 것을 싫어한다. 엘리베이터를 타면 잠깐이지만 올라가는 것을 선호하지는 않는다. 그런 의미에서 꼭대기 층까지 업종이 찼다는 것은 불편함을 감수하고도 건물을 이용하겠다는 것으로 수요가 많다는 것을 나타낸다.

　상권분석이 어렵다는 투자자들이 많은데 이렇게 건물에 어떤 업종이 있고 어디까지 입점해 있는지를 확인하는 연습을 하면 보다 쉽게 상권분석을 할 수 있다.

[예시] 로드뷰를 통해 상가의 입점 업종을 알 수 있다.

　더불어 상권분석을 수월하게 할 수 있는 방법으로 1층에 통신사 및 프랜차이즈 베이커리가 어느 건물에 위치해 있는지 파악해보자. 프랜차이즈 업체는 점포개발팀에서 상권 및 입지분석을 철저히 하므로 이들 업종의 위치만 살펴도 상권분석이 수월하다.

　부동산 분야는 매우 넓고 다양하다. 다만 이를 너무 어렵게만 바라보지 말고 조언대로 집 근처의 통신사와 프랜차이즈 베이커리 등 메인 업종부터 찾는 연습을 꾸준히 하면 실력이 향상되는 것을 느낄 수 있을 것이다.

05 상가, 분양받지 말고 경매로 사자

　상가 투자라면 대부분 분양상가를 생각하지만, 경매로 눈을 돌리면 투자금은 적게 들면서 수익을 극대화할 수 있는 상품이 많다. 분양상가 투자는 투자자가 직접 그 상가를 보지 못하는 상황에서 개발호재만 믿고 투자하는 것이기 때문에 불확실성이 높아 리스크가 크다. 업종도 고려할 수 없는 상황에서 분양가가 비싸 투자자들은 무리하게 대출을 받아 투자를 한다. 하지만 상권형성까지 시간이 걸려 투자 자금 회수에도 시간이 많이 필요한 게 사실이다.

　신도시 상가 분양 이후 3년 정도의 시간이 지나면 무리하게 받은 대출의 이자를 감당하지 못한 물건이 경매 시장에 등장하기도 한다. 이처럼 불확실성이 높은 상가를 분양받는 것보다 일정 부분 상권이 형성된 이후에 이자 감당을 못해 경매로 넘어온 상가를 노려보는 것도 좋은 방법이다. 이러한 상가는 업종, 입지, 점포 운영자의 마인드에 따라 수익은 달라지겠지만, 상권이 형성되는 초기 단계이기 때문에 그때부터 시세가 상승하는 효과도 얻을 수 있다.

앞선 8층의 상가 낙찰 사례만 봐도 10억 원이 넘는 분양상가를 4억 6,000만 원에 낙찰받았으니 얼마나 차이가 큰지 알 수 있다.

상권 회생 가능 여부를 살펴야 한다

싼 가격은 분명 매력적인 요소지만 가격이 싸다는 이유로 무조건 낙찰받으면 안 된다. 싸더라도 상권이 활성화되지 않으면 관리비만 납부하고 임대도 안 될 수 있으니 싼 가격만 보고 들어가지 말고 상권 회생 가능성 등을 재차 따져봐야 한다. 대표적인 예로 1,000~5,000만 원 사이의 가격까지 유찰되는 테마상가도 많은데, 초보자들이 싼 가격만 보고 입찰하는 우를 범하는 경우가 많다.

테마상가란 한 종류의 상품만을 다루는 여러 가게가 한 건물에 뭉쳐 있는 상가를 말한다. '옷' 하면 동대문의 밀리오레나 두타, '전자제품' 하면 용산 전자상가를 떠올리듯, 비슷한 상가끼리 몰려 거대한 상권을 형성하는 게 테마상가다. 하지만 아무리 잘되는 상가라도 근처에 그 시대의 트렌드를 흡인하는 새로운 상가가 들어서면 시들해지기 마련이다.

  5~10평 규모의 수백 개 상가로 쪼개진 테마상가는 한 종류의 물건만을 다루기 때문에 여러 가게 중 어느 한 가게가 장사를 잘한다고 해서 전체 상권이 사는 것이 아니다. 따라서 테마상가 안의 가게를 사려면 해당 가게뿐만 아니라 테마상가 전체의 상권을 확인해야 한다.

  이름만 들어도 누구나 아는 유명한 테마상가가 수시로 경매에 나와 형편없이 낮아진 가격에도 팔리지 않는 경우가 있다. 이런 경우 싼 맛에 현혹되어 함부로 입찰에 뛰어들었다가는 영원히 애물단지를 끌어안게 되는 수가 있다. 과거에 아무리 잘나갔던 상가도 상권이 한번 죽게 되면 다시 살아나기가 어려운 것이 상가의 특징이다. 또 이런 상가는 관리비 연체가 엄청나게 쌓여 있는 경우도 허다하다. 따라서 상가는 반드시 상가 내부를 면밀히 살펴 이미 죽은 상가가 아닌지 냉정히 판단해야 한다.

06 1,000만 원이면 1층 상가 주인이 될 수 있다

"최소한 얼마의 자금이 있어야 경매를 할 수 있을까요?"

"월세를 받고 싶은데, 상가를 낙찰받으려면 자본금이 얼마나 있어야 할까요?

"돈이 얼마 없는데 경매에 도전할 수 있을까요?"

많은 분이 최소한 얼마의 자금이 있어야 경매를 낙찰받을 수 있는지 궁금해한다. 자금이 많을수록 다양한 물건에 도전할 수 있는 건 사실이지만, 자금이 부족하다고 경매를 할 수 없는 건 아니다. 그렇다면 1층 상가를 낙찰받아 월세 받는 임대인이 되고 싶은데 얼마의 자금이 있어야 가능할까? 최소한 수천만 원에서 수억 원의 자금을 생각할 것이지만, 나는 1,000만 원의 돈으로 1층 상가 주인이 됐다.

경매 낙찰 결과 내역

    고양시에 위치한 주상복합건물의 상가가 경매에 나왔다. 소재지 주소가 ○○번지 지하 1층 B112호로, 주소만 봤을 때는 지하층에 위치한 상가인 듯 보인다. 처음엔 나도 그렇게 생각했다. 하지만 임장을 통해 현장을 꼼꼼히 확인해보니 이곳은 지하층이 아닌 지상 1층이었다.

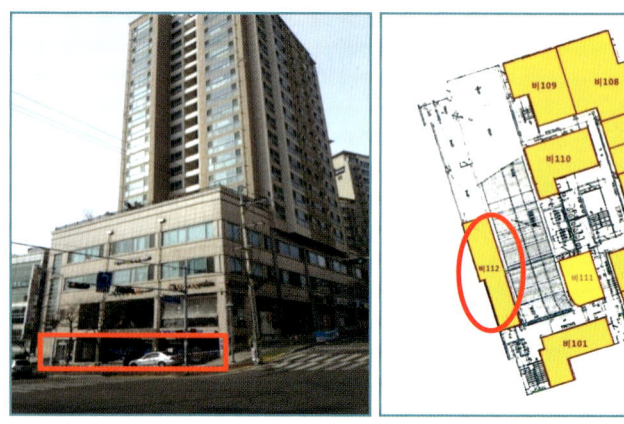

주상복합건물 모습, 경매 나온 112호 위치(도면), 도로 경사로 인해 앞면이 1층임에도 지하라는 명칭이 붙어 있었다.

실내 공사가 진행된 모습

이곳은 지하 전체를 터서 스크린야구장을 운영하려고 실내 공사를 하다 중단된 상태로 경매에 등장했다.

공사업자 박모 씨가 공사대금채권을 이유로 6,000여만 원의 유치권을 주장하고 있었다. 경매 사건은 12개의 물건번호를 달고 매각이 진행되고 있었다.

현장에 가보니 문이 열려 있어 안을 볼 수 있었는데 102~111호에 위치한 상가는 낮임에도 매우 어두컴컴했다. 112호는 문이 잠겨 있어 볼 수 없었는데, 만약 안을 보지 않았다면 똑같이 어두웠을 거란 생각에 입찰을 하지 않았을지도 모른다. 하지만 평소에도 임장을 꼼꼼히 하는 나는 관리소장을 잘 설득해 112호 안을 볼 수 있었다.

문을 열자 예상과 다르게 환한 내부가 눈에 들어왔다. 해당 호수는 스크린야구장 사무실 겸 숙소로 사용하려고 두 공간으로 나눠놓은 상태였으며, 창밖으로 잔디밭이 펼쳐져 있어 풍경이 좋았다. 관리소장에게 문의해보니 이제껏 내부를 보여달란 사람은 없었다고 했다.

주소만 봐서는 지하층인 듯 보이고, 112호 내부를 본 사람이 없다. 유치권 신고가 있어 초보자들은 입찰을 꺼릴 것이며, 경력자라 하더라도 입찰을 들어올 사람이 많아 보이진 않았다. 감정가 6,200만 원의 상가가 3번 유찰되어 3,038만 원의 최저가를 형성하고 있었다.

필자는 이때 3,057만 원을 쓰고 입찰해서 단독으로 낙찰받았다. 낙찰받고 유치권자를 찾아가 합의금 100만 원에 유치권포기각서를 받았다. 유치권자가 공사대금을 다 받고도 채무자의 부탁으로 유치권신고를 해놓은 상태였음을 미리 간파한 이유로 간단히 해결할 수 있었다. 이는 꼼꼼한 임장의 결과였으며 시행 및 시공을 많이 해본 내 경험도 한몫했다.

유치권포기각서를 은행에 제출하고 약 1,500만 원의 대출을 받았다. 해당 상가는 보증금 500만 원, 월세 55만 원에 영어 공부방으로 임대 중이다.

애초에 화장실 공사를 해서 공간을 두 곳으로 나눠 원룸으로 만들고, 각 40만 원씩 총 80만 원으로 임대하려 했으나 현 임차인이 공사 없이 두 곳을 모두 쓰길 원해 단기계약 조건으로 임대를 놨다. 3,000만 원의 낙찰금액 중 대출 1,500만 원과 임대보증금 500만 원을 합하면 실투자금은 1,000만 원 정도 소요됐다. 자, 어떤가! 이렇게 초기 자본 1,000만 원만 있으면 1층 상가 주인이 될 수 있다.

여기서, 연수익률은 얼마인지 계산해보자. 3.5%의 대출 금리를 적용하면 1,500만 원의 한 달 대출 이자는 약 43,000원이어서 월수익은 507,000원 정도로, 1년으로 환산하면 608만 원이다. 1,000만 원 투자로 연 608만 원의 수익을 얻으니 연 투자 수익률은 60.8%다.

은행 정기예금 이자가 1%가 안 되는 요즘 시기에 이렇게 소액으로도 고수익을 올릴 수 있다. 게다가 후에 화장실 공사로 500만 원 정도 들이면 이곳은 70~80만 원의 임대료가 나오는 원룸 2개로 바뀌게 된다. 상가 시세는 임대료를 기준으로 하므로, 월세 55만 원 기준이면 1억 1,500만 원(6% 수익률 기준, (55만 원×2×100)+보증금 500만 원), 월 80만 원 기준이면 1억 7,000만 원(6% 수익률 기준, (80만 원×2×100)+보증금 1,000만 원)이 나온다. 3,000만 원 낙찰가를 감안하면, 낙찰받자마자 4배 이상의 수익이 발생한 것이다.

핑계는 그만!

"옛날에나 가능했지, 요즘 3,000만 원짜리 1층 상가가 어딨어요?", "경매, 옛날이 좋았지 요즘은 별 볼일 없어요"라고 말하고 싶은가? 이 상가를 낙찰받아 잔금을 낸 시점은 2018년 12월 말로 불과 얼마 전이다. 이렇듯 요즘도 소액으로 투자할 물건은 얼마든지 많다. 그런데도 사람들은 경매가 과열됐다느니, 돈 될 물건이 없다느니 하는 말을 한다. 하지만 앞서 본 것처럼 1층 상가는 나 혼자 입찰한 단독낙찰이었다. 즉, 사람들은 소액으로 투자할 물건을 제대로 찾아보지 않은 채 물건이 없다고, 돈이 없다고 핑계를 댈 뿐이다.

07 아는 지역에 돈 되는 상가가 있다

상가는 수익형 부동산의 대표 격인 데다 물량 공급이 많아 물건 선택 폭이 넓어 경매 시장의 숨은 블루오션으로 통한다. 하지만 값싼 경매 상가를 노리다가 임대수익은커녕 낙찰 후 수년째 공실로 있는 상가들도 많아 주의가 필요하다. 따라서 입찰 전 철저한 입지와 상권분석을 통해서 알짜 매물만 골라내는 입찰 전략을 세워야 한다.

아는 지역을 공략하면 승률이 높다

돈 되는 점포는 싸게 사서 돈 벌고, 영업해서 벌고, 팔고 나올 때 벌어야 좋은 점포라고 한다. 경매를 통해 저렴한 상가를 사고 임대로 돈을 벌다가 팔고 나올 때 권리금 차익을 함께 챙기면 금상첨화다. 이런 상가를 고르려면 저평가된 상가를 찾기 위한 노력이 선행되어야 한다. 부지런하고 꼼꼼한 입지와 상권분석 과정을 거치는 것이 유일한 최선책이다.

 돈 되는 상가는 대부분 강남역과 명동처럼 최고의 상권 내 점포라고 생각하기 쉽다. 유동인구가 많아 상가를 이용하는 고객이 많을 것으로 지레 판단한다.

 하지만 돈 되는 점포는 특급 상권에 있기보다 오히려 투자자가 자주 이용했던 곳이나 잘 아는 곳의 점포일 가능성이 높다. 투자자가 잘 아는 지역은 소비층의 동선과 영업 상태와 업종분포, 소비성향을 누구보다 잘 알기 때문에 경매로 매각되는 상가에 투자할 때 실패할 확률을 줄여준다.

[예시] 투자자가 잘 아는 지역부터 공략하면 좋다.

 따라서 경매 정보 사이트 내 상세검색을 통해 투자자 본인이 잘 아는 곳이나 집 주변 경매 물건을 꾸준히 검색하다 보면 우량 물건을 만나기 쉽다. 잘 다니는 곳에 위치해 있기 때문에 현장답사를 쉽게 할 수 있고, 임대료 추이와 매물을 바로 체크할 수 있어 다양한 경매 물건 검색이 용이하다. 낙찰 사레분석을 통해 최근 낙찰된 상가 물건 중 임대 여부 체크는 물론, 임대가 수준과 업종분석까지 두루 확인할 수 있어 상가 경매 물건을 보는 안목을 높인다.

아는 지역만 노린 김 사장님

오래 거래한 회원 중에 김인철(가명) 사장님이 있다. 김 사장님은 자신이 사는 지역의 물건만 유심히 찾다가 적당한 물건이 나오면 내게 문의를 하셨다. 이렇게 진행해 낙찰받은 물건이 대형 평수 아파트 및 상가 등으로 3건이 넘는다. 김 사장님의 최대 강점은 그 지역을 잘 알기 때문에, 척하면 가격이 보인다는 점이다. 실제 일반 투자자는 타 지역의 입지 및 상권을 한번에 알아차리기 어렵다. 투자에서 가장 중요한 건 타이밍이다. 이 물건에 투자할지, 말지를 결정하는 타이밍은 입지를 잘 아는 사람일수록 유리하다.

한 예로 이 지역 해당 부동산이 가치가 있다는 걸 알면 다른 건에도 입찰할 수 있는 자신감이 생긴다. 또한 한발 빠르게 예정 물건인 상태에서 소유자에게 직접 다가가 거래를 성사시킬 수도 있다. 좋은 물건일수록 남들의 눈에 덜 띌 때 접근하는 게 가장 좋다. 나도 알고 남도 알면 이미 이 물건을 노리는 사람이 많을 테니 낙찰가가 올라간다.

해당 지역을 모르는 투자자는 현재 시세 대비 입찰가를 산정하는 경향이 있다. 하지만 해당 지역을 잘 아는 사람은 지금이 얼마나 저평가되어 있는지, 향후 얼마나 오를지 가치를 파악하기에 미래 가격을 따져 현 입찰가를 쏠 자신이 생긴다. 즉, 지역을 모르면 시세 대비 입찰가를 쓰게 되고, 지역을 알면 가치 대비 입찰가를 쓰게 되니 더 유리하다.

08 좋은 상가 고르는 법

 상가를 구입하는 목적은 직접 창업을 하거나 임대를 놓을 목적일 것이다. 이때, 직접 창업을 한다면 매출이 잘 나올 곳인지를 알아봐야 하며, 임대를 놓는다고 해도 어느 업종이 들어올 수 있는지 이에 따라 장사가 잘될 자리인지 고민해야 한다. 임차인의 장사가 잘되어야 임대료를 밀리지 않고 잘 낼 수 있기 때문이다. 따라서 효과적인 상가를 고르기 위해 다음의 참고사항을 살펴보자.

 1. 집은 남향이 좋고 점포는 북향이 좋은 경우가 많다. 집은 자연채광과 풍향을 맞을 수 있는 남향이 좋지만 상가, 점포의 경우는 그와 반대다. 화장품이나 의류 등 직사광선으로 변질의 요소가 있는 판매점은 해가 지기 전까지 차양막을 치거나 블

[예시] 의류 판매점에 차양막이 설치된 모습

라인드로 쇼윈도를 가려야 하는 경우를 종종 보곤 하는데, 상품을 진열해서 고객에게 보여줘야만 하는 판매점이라면 이는 치명적인 약점이 될 수밖에 없다.

[예시] 퇴근 동선을 잡아야 매출이 높다.

2. 대다수 고객의 구매행위는 오전이 아닌 오후에 이뤄지므로 퇴근 동선을 잡는 게 좋다. 점심시간대는 시간적인 제약으로 사실상 매출에 한계가 있어 거의 전 업종의 매출이 저녁시간대 이후에 발생한다. 상품 구매 및 외식의 경우도 퇴근 동선에서 이뤄지는 경우가 많다.

3. 상가는 고객이 쉽게 찾고 이용할 수 있는 곳에 있어야만 좋은 곳이라 할 수 있다. 좋은 상가를 구하기 위해선 해당 점포 주변의 상황을 살펴야 한다.

[횡단보도 예시] 고객의 접근이 쉬워야 좋다.

지하철역 출구 방향에서 보이는지, 버스정류소와 가까운지, 횡단보도는 어디에 있는지, 점포 앞 도로 교통상황은 어떠한지 등을 살펴야 한다. 또한 고객의 동선이 머무는 시설, 즉 대형서점, 극장, 은행 등의 편의시설들은 얼마나 가까운지를 살펴봐야 한다. 내게 도움이 되는 업종이 어느 곳에 위치하고 있는지와 반대로 내게 위해가 되는 업종은 없는지를 살펴야 한다.

4. 주변 업종과 영업시간이 비슷한 종목인지를 살피자. 예를 들어 늦은 밤부터 심야영업을 해야 하는 호프집의 경우 주변의 점포가 의류판매점이나 미용실처럼 영업시간이 일찍 마치는 업종이라면 심야시간대에 홀로 간판을 켜고 영업을 해야 하는 예

[예시] 늦은 밤, 불 꺼진 거리에서 한 점포만 영업을 하고 있다.

상치 못한 상황이 발생할 수 있다. 주변 시설물에 대한 평가와 상권은 고객의 접근성에서 시작하고, 이는 불특정 다수의 고객에게 구매충동을 느낄 수 있도록

해야 하므로 주변의 업종과 밀접한 상관관계가 있음을 명심하자.

5. 노점상은 거리에서 유동인구의 모든 흐름을 지켜보고 있는 증인으로, 노점상이 있다면 상권이 살아있다는 증거다. 물론 노점상이 없는 상권도 있지만, 주요 상권엔 노점상이 있는 곳이 대다수다. 또한 노점상이 신규로 많이 늘어나는 곳은 상권이 활성화되고 있다는 증거다.

[예시] 거리 노점상

09 2억 원 낙찰 후 4억 원에 매도한 지방 상가

　수도권에 소재한 부동산 가격이 높은 건 누구나 다 아는 사실이다. 수요자가 많다 보니 지방보다 높은 가격이 형성되어 있고, 입찰하는 사람도 많아 낙찰가도 높기 일쑤다.

　싸게 사서 비싸게 팔아야 수익이 남는데, 비싸게 낙찰받아 비싸게 팔려고 하니 경매 낙찰받아도 별 볼일 없는 경우까지 생긴다. 따라서 경매 시야를 전국으로 넓게 펼쳐보면 좋다.

바닷가 앞의 음식점이 경매에 나오다

소재지	충청남도 서천군			
물건종별	근린시설	감정가	386,367,400원	
토지면적	496㎡(150.04평)	최저가	(49%) 189,320,000원	
건물면적	319.11㎡(96.531평)	보증금	(10%) 18,932,000원	
매각물건	토지·건물 일괄매각	소유자	최○○	
개시결정	2013-08-22	채무자	최○○	
사건명	임의경매	채권자	인○○	

구분	입찰기일	최저매각가격	결과
1차	2014-05-13	386,367,400원	유찰
2차	2014-06-17	270,457,000원	유찰
3차	2014-07-22	189,320,000원	
	낙찰: 212,950,000원 (55.12%)		
	(입찰2명, 낙찰:○○○)		
	매각결정기일: 2014.07.29 - 매각허가결정		
	대금지급기한: 2014.08.29		
	대금납부 2014.08.21 / 배당기일 2014.10.01		
	배당종결 2014.10.01		

낙찰 결과 내역

해당 건물 모습(건물 바로 앞에 서해 바다가 펼쳐져 있다)

6년 전, 약 2억 1,200만 원에 낙찰받은 상가 건물이다. 2층 규모로 된 이 건물은 토지가 150평, 건물은 100여 평 규모다. 이 물건은 우리 회원에게 소개해 입찰을 도운 물건이었는데, 이 물건에 입찰한 이유는 2가지다.

첫째, 위치가 좋았다. 해당 건물은 충남 서천에 위치한 금강하구둑 관광지 주변으로 인근에는 음식점, 횟집, 카페, 숙박업소

등 각종 상가가 해안가를 따라 위치해 있었다. 해당 건물은 기존에 삼겹살 전문 음식점이었는데, 건물 바로 앞에 바닷가가 펼쳐져 있어 전망이 좋은 곳이었다. 이곳에 콘셉트를 가미한 음식점을 운영하면 충분히 승산이 있어 보였다.

둘째, 가격이 저렴했다. 원래 이 건물을 지을 당시만 해도 이 지역 토지 시세가 평당 300만 원에 육박해 토지 가격만 해도 4억 5,000만 원 이상 가던 곳이었으나 부동산 경기 여파로 가격이 다소 하락해 평당 200만 원 정도에 거래됐다. 토지가 150평이라 토지값만 해도 3억 원인데, 건물 가치를 더하면 최소 4억 원 이상 가는 곳이었다. 그런데도 감정평가는 3억 8,600만 원이었고, 여기서 2회 더 유찰된 가격인 2억 1,200만 원에 낙찰(입찰자 수 2명)받았으니 이미 시작부터 좋았다.

대출은 낙찰가의 80%인 1억 7,000여만 원을 받아 실투자금은 5,000여만 원 투입됐다. 해당 건물은 임대를 놨는데 보증금 2,000만 원에 월세 150만 원으로 계약이 됐다. 실투자금은 3,000만 원 정도 소요된 셈이다. 1억 7,000만 원에 대한 월 이자 50만 원(연 3.5% 이율 기준)은 월세 150만 원에서 충당했다. 이자를 내고도 100만 원씩 남는 구조다.

지방에 숨은 보석들이 있다

생각해보자. 수도권에서 실투자금 3,000만 원을 내고 월 100

만 원씩 수익을 올릴 물건이 많을까? 물론 수도권에도 물건은 있지만, 입찰자가 다수라 낙찰 가격이 올라간다는 점이 문제다. 낙찰은 받았지만, 고가인 탓에 이처럼 높은 수익이 나는 경우는 흔치 않다. 이 물건은 지방인 덕에 필자를 포함해 입찰자가 두 명이라 경쟁자가 한 명뿐이어서 저렴한 가격에 낙찰받을 수 있었다. 더욱 놀라운 점은 꾸준히 월세를 받다가 최근에 매도를 했는데 매도가격은 4억 2,000만 원이었다. 실투자금 3,000만 원으로 2억 원 이상 수익을 올렸으니 지방 건물이라고 무시할 게 아니다.

우리는 투자를 위해 경매 입찰을 한다. 우선 같은 조건이라면 아는 지역이 유리하다. 하지만 아는 지역만 고수하면 원하는 물건이 나올 때까지 오래 기다려야 한다는 단점이 있다. 따라서 전국으로 눈을 돌리면 선택의 폭이 훨씬 넓어진다. 단, 싸다는 이유로 무턱대고 낙찰받아서는 안 된다. 가치 대비 가격이 싸야 진짜 싼 것이지, 단지 감정가 대비 단지 싸게 낙찰받으면 수익을 장담할 수 없으니 사전에 철저한 물건분석이 뒷받침되어야 한다.

Part 4

큰돈 되는 공장 낙찰법

01 경매의 꽃, 공장 경매의 매력

임대수익용 부동산으로 공장이 급부상하고 있다. 서울을 비롯한 수도권의 경우 공장 총량제로 인해 공장의 신규 진입이 까다로워짐에 따라 기존 공장을 매입하거나 경매로 취득하려는 수요자들의 발길이 끊이질 않고 있다. 그동안 공장은 주로 직접 영업을 위해서나 시세차익을 누리기 위해 취득하는 것이 목적이었지만, 최근에는 임대사업을 위한 투자처로 인기가 급부상하고 있다.

공장 경매 장점

첫째, 무엇보다 시세에 비해 저렴한 가격에 취득이 가능하다.

둘째, 공장은 한번 임대가 되면 임대차관계가 지속되어 비교적 안정적인 임대수익을 바라볼 수 있다. 특히 산업단지 내에 속한 공장의 경우 이미 공장으로 입지가 검증된 곳이고, 물류 기반 시설이 두루두루 잘 갖춰져 있기 때문에 임대나 실수요 차원에서 찾는 사람들이 많다.

셋째, 수도권의 경우 공장총량제 규제로 인해 공장 신축이 사실상 어려울 뿐만 아니라 신축이 가능하다고 하더라도 각종 인허가를 받는 데 상당한 기간이 소요되지만, 경매를 통해 기존 공장을 인수하는 경우에는 까다로운 인허가 과정을 생략하고 기존 공장을 바로 가동할 수 있다.

넷째, 공장은 공장저당법에 의거해 공장의 토지, 건물 및 기계·기구류가 공장재단을 형성해서 함께 경매에 부쳐지기 때문에 토지, 건물 외에 기계·기구류를 함께 취득할 수 있다.

다만 간혹 공장 내에 고가의 기계·기구류가 있는 경우 이는 리스 품목이거나 제3자의 소유일 가능성이 있기 때문에 경매에서 제외되고, 추후 이들에 대한 명도 및 보관에 대한 문제가 생길 수는 있다.
리스 품목이거나 제3자 소유 물건인 경우 감정평가서에 해당 기계·기구류가 감정에서 제외되므로 감정평가 목록을 꼼꼼히 확인하는 게 좋다.

02 2년 만에 5억 6,000만 원 시세차익 본 공장

경기도 일산에 위치한 공장이 경매에 나왔다. 감정가는 15억 원이었는데 1회 유찰된 상태에서 세 명의 경쟁자를 물리치고 약 11억 2,000만 원에 낙찰받았다. 이 공장을 낙찰받은 이유는 크게 3가지다. 감정평가금액은 15억 원이지만 실제 시세는 20억

공장 낙찰 결과 내역

원가량 하는 점, 위치가 좋아 임대수요가 있는 점, 감정평가에 포함된 공장 기계 가격이 약 2억 원으로 실제 중고거래로 팔아도 이 시세를 받을 수 있는 점이다.

공장 외부 전경 및 내부 모습

이 공장을 낙찰받은 후 80%의 경락잔금대출을 받아 9억 원의 대출금을 활용, 실제 투입된 자본금은 2억 5,000만 원 내외다. 여기에 공장 내 기계를 2억 원에 팔아 별도의 수익으로 회수됐으니 실제 투입된 자본금은 얼마 되지 않았다. 참고로, 중고기계를 매매할 때는 전문으로 매매하는 거래업자를 통하면 쉽게 매매할 수 있다. 물론 기계에 따라 시세 차이가 크므로 낙찰받기 전에 거래업자를 통해 중고 시세 및 거래 가능성을 미리 파악하고 입찰에 참여하면 좋다.

　해당 공장은 장항IC 인근으로 위치가 좋아 임대수요가 늘 있는 지역이었다. 참고로 임대수요는 인근 부동산 중개업소만 제대로 임장을 해봐도 어떤 공장의 임대수요가 있는지, 임대료는 어느 정도인지를 파악할 수 있다. 임차인이 부동산 중개업소에 미리 임차 대기를 걸어놓는 경우도 많기 때문이다. 낙찰받은 공장은 입지가 좋은 덕분에 보증금 1억 원, 월세 600만 원에 금세 임대가 나갔다. 양도소득세를 감안해 2년 동안 임대한 후 매도했다. 매매대금은 16억 8,700만 원으로 공장을 원하는 수요자가 매수했다.

목록번호	2018-				
거래가액	금1,687,800,000원				
일련번호	부동산의 표시		순위번호	예 비 란	
				등기원인	경정원인
1	[건물] 경기도 고양시 일산동구 장항동		11	2017년11월10일 매매	
2	[토지] 경기도 고양시 일산동구 장항동		23	2017년11월10일 매매	

16억 8,700만 원에 매각한 공장 등기부 내역

03. 15억 원에 낙찰, 2년 후 22억 원 매도 계획인 공장

또 다른 공장 낙찰 사례를 보자. 경기도 일산에 위치한 감정가 21억 원의 공장이 경매에 나왔다. 토지 면적이 942평에 달할 정도로 넓은 부지에 건물면적이 587평인 공장을 15억 원에 낙찰받았다.

공장 낙찰 결과 내역

경매 나온 공장 전경

이곳도 낙찰가의 80%인 12억 원을 대출받아 초기 자본은 3억 5,000만 원가량 소요됐다. 공장 임대료는 보증금 1억 원에 월 900만 원으로 현재 임차인이 사용 중이며, 양도소득세를 감안해 보유한 지 2년이 되는 시점에 매도할 생각이다. 예상 매도가액은 22억 원~24억 원이다.

돈 되는 공장 경매 찾는 법

공장 경매는 재테크와 세테크가 동시에 가능한 일석이조의 틈새 종목이지만 돈이 되는 물건은 쉽게 눈에 띄지 않으며, 사업용 부동산이라는 점에서 선별적으로 경매 물건을 골라야 한다. 여기서는 돈 되는 공장이 갖춰야 할 요건에 대해 알아보자.

1. 도로망을 잘 살펴야 한다. 공장은 접근성이 매우 중요하다. 교통의 편리성이 확보되지 않으면 물류비용이 증가하기 때문이다. 제대로 된 도로가 없을 경우 새로 만들 수 있는지, 또는 기존도로를 확장할 수 있는지 여부에 대해 사전조사가 필요하다.

2. 공장 수요가 많은 곳을 노려야 한다. 수도권은 신규 공장 허가에 통상 1~2년 정도의 기간이 소요되어 상대적으로 수요가 풍부하다. 투자 유망지역으로는 김포, 파주, 화성, 양주, 평택 등지인데, 이들 지역은 택지개발 및 산업단지 조성을 비롯해 도로망 확충 등 각종 개발 사업이 활발하게 이뤄지고 있어 지가 상승이 예상된다. 투자가 유망한 수도권에서 값싸게 낙찰받으면 임대수익과 시세차익, 두 마리 토끼를 잡을 수 있다.

3. 용도변경이 가능한 공장이라면 부동산의 가치를 높일 수 있어 금상첨화다. 공장을 낙찰받아 물류센터, 음식점 등으로 용도변경을 할 수 있다면 가치를 올릴 수 있다. 사전에 관할 시, 군청 공업계 등 유관부서를 방문하면 용도변경 가능 여부를 확인할 수 있다. 또 수도권 공장은 건물보다 토지 가치가 핵심이다. 감정가에서 토지 비중이 높은 게 좋다. 참고로 공장용지의 가격은 통상 동일지역 내 대지 가격의 약 70~80% 선이다.

04 공장 경매 시 주의할 10가지 포인트

　부동산 경매에서 공장 소유자가 공장에 속하는 토지에 설정한 저당권의 효력은 그 토지에 부합된 물건과 그 토지에 설치된 기계, 기구, 그 밖의 공장의 공용물에 미친다. 이는 공장재단(공장에 속하는 일정한 기업용 재산으로 구성되는 일단의 기업재산)으로 구성되어 공장저당법에 의해 저당권의 목적이 되기 때문이다. 따라서 공장이 경매로 나올 경우 매각되는 물건은 크게 토지, 건물, 제시 외 건물, 기계기구로 구성된다. 공장이 경매로 나올 경우, 입찰자는 다른 경매 물건보다 더욱 세심한 주의를 기울여야 한다. 일반적으로 공장 경매에서 유의해야 할 사항을 살펴보면 다음과 같다.

1. 공장의 용도를 정확히 체크한다

공장에는 식품공장, 의류공장, 가죽공장, 신발공장, 목재공장, 인쇄공장, 금속공장, 비금속공장 등과 같이 그 종류가 다양하다. 따라서 입찰자는 자신이 목적으로 하고 있는 공장인지, 아닌지를 먼저 체크해야 한다.

2. 용도변경 가능 여부

사업하고자 하는 업종의 공장으로 용도변경이나 승인 가능 여부를 체크해야 한다. 낙찰받아 직접 공장을 운영할 목적이라면 입찰자는 현재 경매가 진행되는 공장이 자신이 목적으로 하고 있는 공장이 아닐 시 장차 자신이 목적하는 공장으로 용도변경이나 승인이 가능한지 여부를 체크해야 한다.

3. 감정가에 포함된 기계기구의 쓸모 여부

공장의 감정평가금액은 토지, 건물, 제시 외 건물, 기계기구를 포함해 감정한다. 이럴 경우에 기계기구의 감정평가금액이 차지하는 비중이 크다면, 기계기구를 입찰자가 사용할 수 있는지 여부를 체크해야 한다. 한 예로 감정가 20억 원의 공장에서 기계기구가 7억 원을 차지하고 있는 경우도 있었다. 이렇게 기계기구 부분의 감정금액이 상당히 클 경우에 낙찰 후 그 기계를 사용하지 못하면 그 손실을 온전히 낙찰자가 부담해야 하므로 그만큼 감액하고 입찰해야 한다.

4. 인수되는 권리 여부 파악

공장 경매에서 많이 대두되는 것이 유치권이다. 따라서 유치권이 신고된 것이 있는지, 유치권 신고가 되어 있으면 유치권의 성립 여부를 면밀히 검토하고, 이에 대한 대책을 세운 후에 입찰해야 한다. 유치권 이외에도 법정지상권이나 기타 인수주의가 적용되는 권리가 있는지, 이런 권리가 있다면 이에 대한 대책도 세우고 입찰해야 한다.

'유치권 행사 중' 현수막이 붙어 있는 공장

5. 미납공과금 여부

전기의 용량은 충분한지와 전기요금이나 수도요금의 미납금액은 얼마인지 체크해야 한다. 공장을 낙찰받은 후에 원하는 목적의 공장으로 가동하려고 하면 전기용량이 부족한 경우가 있다. 따라서 입찰자는 사전에 전기용량을 체크해서 자신이 사용하고자 하는 공장에 용량이 충분한지와 부족하다면 이에 대한 대책을 세우고 입찰해야 한다. 아울러, 공장가동이 오래 중단된 경매 물건에는 전기요금이나 수도요금이 미납된 경우가 많다. 이럴 경우 미납요금의 낙찰자 부담 여부도 사전에 체크하고 입찰해야 한다.

6. 대출 가능 여부

사전에 금융기관의 대출 여부를 체크한다. 아파트나 주택에 비해 비교적 자금 규모가 큰 공장은 원하는 만큼 대출이 나오지 않는다면 잔금을 미납하는 사태가 올 수 있으므로 사전에 대출 가능 여부를 확인하는 게 좋다.

7. 중도 취하 여부

경매 진행 중에 변경이나 취하 가능성도 체크해야 한다. 채권자의 청구금액이 적거나 전체 채권금액이 적은 경우 변경되거나 취하될 가능성이 크다. 또한 낙찰자가 매각잔금을 납부하기 전에 채무자가 채권자에게 변제하고 취하시킬 가능성도 있다. 열심히 현장답사하고 조사했는데, 경매 진행 중에 취하되면 시간과 비용을 낭비한 결과만 남는다. 따라서 취하 가능성이 있는 물건인지 여부를 미리 파악하는 게 도움이 된다.

8. 진입도로 폭 점검

일반적인 공장은 도로의 폭이 6m 이상이다. 물론 소규모 공장은 그 이하도 있을 수 있지만, 원활한 대형차량 진입을 위해 6m 이상 도로가 확보되어야 좋다. 도로가 좁으면 차량진입에 불편해 임대가 원활히 되지 않을 수 있다. 만약 도로를 넓힐 수 있다면 추가비용은 얼마나 들어가는지 사전에 조사해야 한다.

9. 무단 폐기물 적치 여부

공장 내 산업폐기물이 무단 적치되어 있는 경우가 많다. '폐기물관리법'에 따르면 '경매나 공매로 사업장 폐기물 배출자의 사업장 전부 또는 일부를 인수한 자는 그 사업장폐기물과 관련한 권리와 의무를 승계한다(제17조 9항)'고 명시되어 있어 낙찰자에게 폐기물 처리에 관한 의무를 부담시키고 있다. 그러므로 사전에 폐기물 방치 여부를 확인하고자 건물 내부 또는 지하까지 확인하는 것이 좋다. 공장에는 경비원이 있을 수도 있고, 인근에 그 공장의 가동상태를 잘 아는 주민이 있을 수도 있으므로 이러한 사람에게 탐문하는 것도 도움이 된다.

폐기물이 쌓여 있는 모습

10. 5년 미만 법인인 경우 취득세 중과 여부

과밀억제권역에서 신설한 법인과 5년 미만의 법인이 과밀억제권역 내에서 부동산을 매매 또는 경매 취득 시 취득세, 중과세 대상이 될 수 있다. 따라서 이를 미연에 확인해야 낭패가 없다. 다만 과밀억제권역 제외지역에서 설립한 법인이 과밀억제권역 내 부동산을 취득할 시에는 중과가 되지 않는다.

05 경매 종목 선택, 자신만의 강점을 살려라

오랜 시간 동안 경매를 해왔지만, 필자보다 더 눈썰미가 좋은 사람들이 있다. 바로 그 분야에 종사하고 있는 분들이다. 솔직히 공장을 누가 많이 낙찰받는지 아는가? 현재 공장을 운영하고 있는 대표자들이 공장 경매에 도전한다. 경매 컨설팅 업무를 하며 많은 분들에게 낙찰의 주인공이 될 수 있도록 도와드리고 있는데, 필자와 일해 보신 분들은 지속적으로 물건 의뢰를 하시는 분들이 많다.

공장을 운영 중인 김 사장님

용산에 사는 김 사장님도 필자에게 꾸준히 물건의뢰를 하시는 분들 중 한 분이다. 직접 공장을 운영 중인 대표인데, 어느 날 필자에게 전화를 걸어왔다. 안부인사가 끝나자마자 김 사장님이 바로 본론을 꺼냈다.

"신 대표님, ○○동에 있는 공장 경매 진행되던데 저 이거 낙찰받아 주세요."
"아, 그 공장요. 현재 공장하시는데 투자 목적으로 받으시려고요?"
"네, 공장이 본업이다 보니 척하면 다 보여요. 그 공장 낙찰받으면 월 1,000만 원은 받을 자리예요. 나야 권리관계는 잘 모르니 그건 신 대표님이 알아서 해주시고 좋은 가격에 잘 받아줘요."
"네, 알겠습니다. 분석해서 언제 입찰에 들어가는 게 좋을지 판단해보죠."

이렇듯 김 사장님은 공장을 직접 운영해보신 분이라 기계값은 얼마에 팔 수 있고, 누구에게 임대하면 좋을지, 그 지역 임대시세는 얼마인지가 한눈에 그려지는 것이다. 낙찰받아 얼마 시세에 팔고 나올지도 말이다. 실제 공장을 운영해서 버는 수익보다 이렇게 2~3년 간격으로 공장을 낙찰받아 번 수익이 더 크다고 했다.

미용실을 운영 중인 손 사장님

또 다른 케이스로 미용실을 운영하는 손 사장님이 있다. 미용이 전업이다 보니 척 보면 가게 자리가 보인다고 했다. 한번은 손 사장님이 뒷골목에 위치해 인적이 드문 상가 자리인데, 낙찰을 받아 달라고 의뢰를 해서 내가 고개를 갸우뚱한 적이 있었다.

"아무리 그래도 입지가 그리 좋은 편이 아닌 곳이라 조심스럽네요, 손 사장님."

"아유, 걱정하지 말아요. 낙찰받아달라고 의뢰한 건 나니까 신 대표님 원망하지 않을게요."

"음…."

"신 대표님, 그 자리 딱 미용실 자리예요. 거기다 제가 미용실 꾸밀 거니까 걱정하지 마시고 낙찰만 잘 받아주세요."

"네, 잘 알겠습니다. 권리관계 및 시세를 잘 조사해서 좋은 가격에 받아드릴게요."

이렇게 이야기를 나눈 후 해당 입찰일에 다시 법원에서 손 사장님을 만났고, 결과적으로 낙찰로 이어졌다. 그리 좋은 입지가 아니어서 예상대로 입찰자는 우리 외 한 명이었고, 최저가에서 살짝 올린 가격에 낙찰받을 수 있었다. 낙찰 후 명도를 마치고 해당 건물을 손 사장님께 인도해드렸다. 그로부터 6개월이 흘렀을까, 손 사장님의 전화를 받았다.

"신 대표님, 잘 지내시죠? 호호."

"네, 손 사장님. 요즘 어떻게 지내세요? 저번 낙찰받은 상가는 어떻게 되셨나요?"

"그거 며칠 전에 낙찰받은 가격에 권리금 명목으로 7,000만 원 더 받고 팔았어요. 시설비 3,000만 원은 별도로 받았고요."

"어떻게 그렇게 빨리 파실 수 있으셨어요?"

"제가 미용실을 꾸미고, 아는 손님들에게 연락해 오픈 기념으로 펌, 두피 케어 등으로 손님을 모았죠. 신 대표님도 아시다시피 제가 발이 넓잖아요. 그렇게 가게를 살려놓은 뒤 미용실을 내놨는데 마침 인수한다는 분이 나타나 권리금 받고 팔았어요."

"정말 잘됐네요."

"그나저나 오늘 신 대표님께 전화 드린 이유는 또 이런 상가 하나 낙찰받아달라고 전화했어요. ○○동 상가 경매 나온 거, 제가 보기엔 미용실 자리로 딱이에요. 그거 낙찰받아주세요."

"역시 손 사장님은 미용실 자리를 기가 막히게 보시는군요."

눈썰미를 살리자

이렇듯 공장을 운영 중인 김 사장님, 미용실을 운영 중인 손 사장님은 필자보다 해당 자리를 더 잘 찾아낸다. 직접 그 업종을 운영하고 있기 때문에 누구에게 이런 자리가 필요한지, 어떻게 하면 더 가치를 높일 수 있는지 세세한 내막을 잘 알고 있기 때문이다.

요식업도 마찬가지다. 중식당을 해본 분은 그 가게 자리를 잘 찾고, 분식집을 해본 분은 그에 맞는 가게 자리를 잘 찾는다. 따라서 독자에게 권하고 싶은 말은 본인의 강점을 살린 경매 종목에 도전하면 더욱 수익이 높다는 점이다.

사업을 하던 분들은 다시 사업을 하려고 한다. 기존에 임차해서 사업을 했다면 내 영업장을 사서 계속 사업을 하고 싶어 한다. 그러니 우후죽순 달려드는 아파트 경매에만 몰릴 게 아니라 본인의 눈썰미를 살리는 종목에 도전하면 변별력이 있으면서 경쟁률도 낮으니 더 높은 수익을 얻을 수 있다.

Part 5

부동산 재테크는 경매로 시작한다

01 경매를 알아야 진정한 부동산 재테크다

　적금이나 예금은 돈을 잃을 위험성, 즉 리스크가 적다는 것이 장점이다. 하지만 경제가 성장할수록 금리는 낮아진다. 우리 세대는 부모님 세대와 달리 적금이나 예금으로 경제적 자유를 얻을 수 있을 만큼 충분한 이자 수익이 보장되지 않는다. 이것이 치명적인 단점이다. 펀드나 주식은 어떨까? 둘 다 소액으로도 자산을 증식시킬 수 있다는 것은 장점이다. 그러나 펀드는 본인의 판단이 아니라 펀드매니저와 투자신탁회사의 능력에 따라 수익이 좌지우지되는 상품이고, 주식은 불확실성에 따른 리스크가 크다는 게 가장 큰 단점이다.

　그렇다면 부동산은 어떨까? 알다시피 부동산은 한국인의 전체 자산 중에서 차지하는 비중이 압도적으로 높고, 부자들이 가장 선호하는 재테크 수단이다. 부동산은 투자 지역의 수요와 공급에 따라 매매가격이 형성되므로 어느 정도 예측이 가능하다. 이는 리스크가 적다는 뜻이기도 하다. 또 보유한 부동산 수가 증가하면 자산도 단계적으로 증식될 것이기에 경제적 자유를 얻을 수 있을 정도로 수익률이 높은 재테크 방식이다. 사람들은 부동산에 투자하려면 목돈이 필요하고, 당장 팔아서 현금을 손에 쥐는 속도가 느리다고 생각하는데 꼭 그렇지는 않다. 가치가 낮은 부동산은 환금성이 떨어질 수 있지만, 우량 부동산인 경우 원하는 시기에 빠른 매각이 이뤄질 수 있다.

부동산 경기가 안 좋을수록 경매 기회다

경매 시장의 열기는 부동산 경기에 후행하고, 경매 물량은 부동산 시장의 경기에 반비례한다. 부동산 경기가 좋으면 거래가 활발하고 부동산 가격과 수익률이 올라가니 채무자는 부동산을 팔아서 현금을 보유할 수 있다. 또한 대출 상환도 잘되니 채권자의 경매 신청이 줄어들게 된다.

반면 부동산 경기가 위축되면 부동산 가격과 수익률이 떨어지기에 부동산이 팔리지도 않고 채무자는 빚을 갚지 못해 채권자의 경매 신청이 늘어난다. 즉, 부동산 경기가 좋을 때는 경매 물건이 줄어드는 반면, 경매 법정에는 낙찰받으려는 사람이 넘쳐나 입찰가격이 올라가므로 수익률이 줄어든다. 반대로 부동산 시장이 불황이면 경매 물건은 급격히 증가하는데 얼어붙은 경기에 낙찰받으려는 사람이 줄어드니 저가에 매수할 수 있는 기회다. 따라서 경매는 부동산 시장의 침체기에 하는 것이 오히려 유리할 수 있다.

02 부동산 경매의 장점

　부동산 경기는 파동을 그리며 지속적으로 상승하지도, 지속적으로 하락하지도 않는다. 부동산 경기와 국가 경제는 떼려야 뗄 수 없는 관계이므로 부동산 흐름에 따라 정부는 부동산 완화 정책을 쓰기도, 억제 정책을 쓰기도 한다.

　따라서 불황기에 저가에 매수한 부동산을 경기가 회복하는 시점에 팔아 시세차익을 두둑이 챙기는 것이다. 이처럼 부동산 경기가 침체일 때는 경매 수요가 적어 매수가격이 싼 장점이 있다. 또 경기가 호황일 경우 비싼 값에 사도 수요자가 몰려 가격 상승이 기대된다. 부동산 경기가 호황이든, 불황이든 일반 매물 가격보다 좀 더 싸게 구입할 수 있는 점이 경매의 큰 장점이다.

경매의 매력

1. 돈을 벌 수 있다

대부분의 사람들이 경매에 참여하는 목적은 재테크 수단이다. 경매에 참여함에 있어서 수익성이 없다면 시간과 비용을 들여가면서 경매 시장에 참여할 필요가 없을 것이다.

최초 매각가격이 1회 유찰할 때마다 20%, 또는 30%씩 저감되어 입찰에 붙여지기 때문에 3회만 유찰되면 반값에 살 수 있는 것이 경매 물건이다.

2. 절차의 안전성

경매는 매도인을 사칭하거나 이중매매로 인해서 매각 부동산을 취득하지 못하는 경우가 없으며 말소기준등기를 기준으로 인수, 소멸의 권리분석을 통해 안전한 거래를 취할 수 있다. 경매 절차에 문제가 있어 매각불허가 사유가 발생하거나 매각취소가 되더라도 매각대금을 환수받을 수 있기 때문에 부동산 거래의 안정성을 확보할 수 있다.

3. 높은 수익성과 환금성

경매 물건은 일단 시세보다 낮게 낙찰받음으로써 과욕만 내지 않는다면 바로 처분도 가능하다. 임대수익이 목적이 아닌 경우 매수한 물건에 더 많은 수익성을 기대한다면 낙찰받은 경매 물건에 리모델링을 하고 매도할 때 환금성도 더욱 상승한다.

그러기 위해서는 잘 팔릴 수 있는 부동산부터 참여하고 자기 지역에 속해 있는 부동산을 선택해서 처분하면서 서서히 낙찰받는 지역을 넓혀 나가면 좋다. 그러면 어느새 진정한 환금성 있는 물건을 선택할 수 있는 안목을 넓히게 되고, 이는 곧 수익성과 연결되는 고리가 된다.

4. 부동산 규제를 피할 수 있다

법원 경매에 있어서 농지인 경우에는 일반 취득과 같이 농지취득자격증명을 발급받아 반드시 제출해야 하며, 제출기간은 낙찰 후 7일인 매각허가기일까지다. 만약 매각허가기일까지 농지취득자격증명원을 제출하지 못하면 입찰보증금을 법원에 몰수당한다.

그러나 토지의 투기적 거래가 성행하는 지역과 지가가 급격히 올라가는 지역에서 일정 면적의 취득을 금지하는 지역의 부동산을 취득할 때에는 토지 거래 허가를 받아야 한다. 하지만 경매로 취득할 경우에는 토지 거래 허가를 받지 않아도 된다.

재건축 아파트의 입주권 양도가 금지되어 있는 경우라 할지라도 경매를 통해 소유권을 취득하면 합법적으로 양도받을 수 있다(단, 개인이 신청한 임의·강제 경매는 예외).

03 지방의 A급 상가가 기회다

필자가 누누이 말하지만 사람 많이 몰리는 곳에 먹을 것 없다. 경쟁이 치열할수록 수익성은 떨어진다. 누가 보더라도 탐이 나는 물건이면서 해당 지역이 입찰자가 많은 지역이라면 저렴하게 낙찰받기 어렵다. 몰리는 입찰자 속에 낙찰가가 높아지기 때문이다. 우리는 경매로 재테크를 하는 것이 목적이다. 따라서 낙찰 대상을 어느 지역에 한정할 게 아닌, 전국으로 눈을 돌리면 기회가 훨씬 많아진다.

충북 충주시에 위치한 상가건물이 경매에 나왔다. 해당 상가는 일반상업지역에 위치한 지하 1층~지상 4층 규모의 건물로 연면적이 약 346평(한개 층의 연면적 약 70평)이다.

경매 낙찰 결과 내역

경매 진행된 해당 건물 모습

건물이 위치한 입지는 번화가 A급 입지였다. 다만, 그전에 건물 공유자 간의 분쟁 및 공유물 분할을 위한 경매가 진행되는 동안 건물의 관리가 제대로 이뤄지지 않아 임차인이 빠져나갔다. 경매 과정 동안 영업 중인 임차인은 1층의 한 호실에 입점했던 의류가게와 2층의 미용실이 전부일 정도였다. 게다가 건물 공유자 간의 분쟁으로 임대료 관리가 제대로 되지 않고 있었다.

인근 건물의 1층 10평 월세가 50~60만 원 수준인 데 비해 남아 있는 현 임차인들의 임대료는 턱없이 적은 금액이었다. 현장

조사를 꼼꼼히 한 결과 이 건물을 재임대했을 때 발생하는 건물 전체의 임대료는 보증금 8,000만 원, 월세 800만 원이 예상됐다. 물론 대항력 없는 현 임차인을 퇴거시킨 후 건물 리모델링을 거쳐 말끔하게 새 단장할 계획이었다.

　감정가 약 18억 원의 건물을 2회 유찰을 거쳐 약 12억 8,000만 원에 낙찰받았다. 대출은 3%대의 이율로 11억 원을 받았으니 투자금은 2억 원 남짓이었다.

　이 대목에서도 얻을 수 있는 교훈은 돈이 적어 건물주가 될 수 없다는 편견을 버려야 한다는 것이다. 경매를 이용하면 얼마든지 적은 돈으로도 건물주가 가능하다.

　만약 이 건물을 매매를 통해 구입했다면 약 18억 원의 대금을 치러야 했을 것이다(실제 이 건물 인근에 위치한 비슷한 규모의 건물이 19억 8,000만 원에 거래됐다). 매매대금의 70% 대출을 이용하더라도 실투자금이 6억 원 가까이 소요된다. 하지만 경매를 통해 시세의 70% 가격에 낙찰받았고, 낙찰가의 85%에 달하는 금액을 대출받으니 적은 돈으로도 얼마든지 건물주가 될 수 있다.

　해당 건물이 예상 수익률을 계산해보자. 2억 원을 들여 리모델링을 한다고 가정했을 때 투자금은 4억 원 남짓이다. 임대수익은 보증금 8,000만 원, 월세 800만 원이므로 투자금에서 보증금을 제외하면 실투자금은 3억 2,000만 원이 된다. 11억 원의 대출금에 대한 이자는 연 3,300만 원(연 3%)이며, 연 임대료 수입은 9,600만 원(800만 원×12개월)이다. 연 임대료 수입에서 연 대출 이자를 제외하면 남는 금액은 6,300만 원이다. 3억 2,000만 원을 투자해 연 6,300만 원을 버니 연수익률이 약 20%에 달한다. 그러니 건물 하나 제대로 낙찰받으면 대기업 직장 연봉이 부럽지 않다.

실제 이 건물에 입찰한 우리 회원도 안정적인 월세 수입을 목표로 낙찰받은 것이다. 입지가 좋은 건물은 직접 일하지 않아도 월급을 지급하는 안정적인 캐시 카우(Cash Cow, 안정적이며 지속적으로 현금흐름이 발생하는 사업) 역할을 한다.

다만, 이 건물이 수도권에 위치했다면 이 가격으로 낙찰받긴 어렵다. 경매 입찰자가 많기 때문에 더 높은 가격에 낙찰되므로 높은 수익률을 추구하긴 어렵다.

따라서 수도권의 건물만 관심을 갖지 말고 지방으로 눈을 돌리면 한결 수월하게 좋은 물건을 낙찰받을 수 있다. 단, 낙찰에 앞서 철저한 입지 및 상권분석은 필수다. 아무리 싸게 낙찰받았더라도 그 지역에 임차수요가 없으면 말짱 헛수고이기 때문이다.

04 돈 되는 물건을 찾는 안목을 키우자

경매 물량은 많이 늘었지만 높은 시세차익을 주는 경매 물건을 찾기가 쉽지 않다. 따라서 경매의 기본지식은 물론, 실전 경험을 많이 쌓아두는 것이 반드시 필요하다. 실전 경험은 물건을 보는 안목과 함께 저가에 낙찰받는 방법을 터득하는 것이다. 경매는 이론보다 실전이라고 해도 과언이 아니다.

경매 컨설팅 현장에 있다 보면 초보 입찰자들이 충분한 시간과 노력을 들여 경매 투자 지식은 쌓았지만, 실제 입찰은 한 번도 못해보고 흐지부지해버리는 투자자들이 의외로 많다. 이를 극복하기 위해서는 경매 전문가와 교류하면 유리하다. 경매 전문가로부터 투자 정보를 얻고 권리분석에 대한 자문을 받을 수 있어서다. 경매 물건은 공개된 매물이어서 경매 사건번호만 알면 누구나 권리와 물건분석에 대한 지식공유가 가능하다. 전문가들과 인적 네트워크를 갖추면 물건분석이 필요할 때마다 수시로 자문을 받아 투자에 도움을 받을 수 있어 간접경험을 쌓을 수 있는 기회가 마련된다.

전문가의 도움이 더해지면 일취월장이다

경매는 다양한 지식이 필요한 영역이지만, 처음부터 방대한 경매 지식을 다 알고서 투자에 나서는 것은 거의 불가능하다. 처음에는 1~2가지 종목에 대해 집중적으로 공부하며 전문가를 따라 하는 방식으로 접근하면 준전문가의 반열에 오르는 시간이 훨씬 빨라진다.

위험은 지식을 넓힘으로써 줄어든다는 말이 있다. 법원 경매는 현장 경험과 지식을 많이 쌓을수록 돈 되는 부동산을 고르는 안목이 생긴다. 투자 경험이 적어 경매 투자에 대한 결단력이 부족할 때는 경매 전문가와 함께 현장부터 찾아가보자. 현장을 자주 찾다 보면 투자 실전에 능하게 되고, 전문가의 노하우를 배울 수 있어 특화된 경매 지식으로 무장할 수 있다.

05. 1층 아파트가 오히려 고수익을 안겨준다

1층 아파트라 싫다는 생각은 그만!

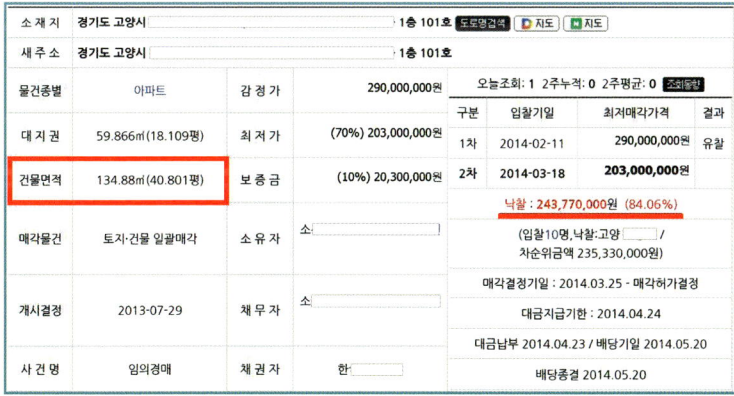

경매 낙찰 결과 내역

경기도 고양시에 위치한 아파트가 경매에 나왔다. 등기부상

모든 권리는 소멸되어 인수하는 권리가 없었다. 해당 아파트는 전용면적이 40평(공급면적 49평)인 대형 평수인 점, 1층이라는 점 때문에 비교적 저렴한 가격인 2억 4,300만 원에 낙찰받았다.

아마도 여러분이라면 대형 평수와 1층인 점 때문에 입찰을 망설였을지도 모른다. 대형 평수라 안 팔릴까 걱정인 데다 1층은 방범 및 보안에 취약하고 일조량이 적다는 점, 여름에 덥고 겨울에 추울 수 있단 점 때문에 기피할지도 모른다. 하지만 필자의 생각은 달랐다.

1층의 장점
- 어린이집 등 영유아시설은 1층에만 개원할 수 있음.
- 공부방 등의 활용으로 주거와 학원을 겸할 수 있음.
- 자녀들이 마음껏 뛰어놀 수 있어 층간소음으로부터 자유로움.
- 거동이 불편한 어르신 및 장애인 등이 있는 가정에서 편리하게 이용 가능함.
- 엘리베이터 대기 시간이 필요 없음.

1층의 장점은 다양하다. 더군다나 아파트 전체 세대수로 보면 1층 매물이 많지 않아 수요가 잘 맞아떨어질 경우 금세 거래가 성사되는 곳이 바로 1층이다. 더군다나 경매로 낙찰받은 만큼 시세보다 조금 저렴하게 내놓는다면 충분히 승산이 있다는 판단 아래 우리 회원께 적극 추천을 했고, 낙찰로 이어질 수 있었다. 해당 아파트는 절세를 위해 2년간 임대를 놓았고, 그 후 2억 9,500만 원에 매각을 해 약 5,100만 원(세전)의 차익을 얻을 수 있었다.

　자, 어떤가! 이래도 남들 다 좋아하는 중소형 평수에 로얄층을 고르겠는가? 앞서 누누이 말했듯 우리는 수익을 내기 위해 경매를 하므로 어떻게 하면 더 낮게 낙찰받아 수익을 낼 수 있는지 고민해야 한다. 저렴한 가격에 낙찰받으려면 사람이 몰리지 않아야 하므로 남의 눈에는 좋아 보이지 않지만, 내 눈에는 보배로 보이는 물건을 발굴하는 습관을 키우도록 하자.

06 투자를 해야지, 살겠다는 생각을 하면 안 된다

　경매 입찰을 앞두고 생각해봐야 한다. 이 부동산에 투자할 생각인지, 실거주할 생각인지 말이다. 대다수의 분이 투자가 목적이다. 투자란 들인 돈에 비해 더 많은 돈을 받고 팔고 나오면 된다. 이렇게 간단한 원칙임에도 사람들은 종종 잊는 듯하다.

　'아휴, 1층이라 싫은데', '꼭대기 층이라 싫어', '사이드에 위치해 있어 싫고', '대형 평수라 싫어', '거긴 너무 뒷 동이라 싫은데', '거긴 도로 옆이라 시끄러워 싫어' 등 끊임없이 본인이 들어가 살 것처럼 물건을 고른다. 실제 우리 회원 중에도 이런 분들이 있다. 수익날 물건이라고 추천해주면 앞의 경우처럼 이런 저런 이유를 대면서 싫다고 한다. 그 집에 들어가 살 거냐고 물으면 "아니다"라는 대답을 한다. 직접 들어가 살 집도 아닌데 뭐 이리 꼿꼿하게 물건을 고르는지 모르겠다.

우리는 수익을 위해 경매 투자를 한다. 각 부동산은 나름대로 장단점이 있으니 거기에 맞게 저렴하게 낙찰받아 수익을 보면 된다. 세상에 낙찰받지 말아야 할 부동산은 없다. 낙찰받지 말아야 할 가격이 있을 뿐이다.

로열층이 3억 원에 거래되는데 1층을 떡하니 3억 원에 낙찰받으면 그것은 잘못된 낙찰이다. 하지만 1층을 2억 3,000만 원에 낙찰받아 2억 7,000만 원 내외에서 거래한다면 충분히 수익이 나고 팔릴 승산이 높다.

경매에서 연신 낙찰에 실패하는 사람들은 어찌 보면 욕심이 많은 것 같다. 공공연하게 좋아 보이는 물건을 싸게만 낙찰받으려고 하니 연신 패찰하는 것이다. 이러면 경매 시장에서 오래 버티지 못한다. 고가 낙찰도 문제지만 저가 입찰도 문제다.

잘생긴 연예인은 누가 봐도 잘생겼다고 말하듯, 대중의 눈길을 끄는 물건은 입찰자가 많아질 수밖에 없다. 한 물건에 수십 명의 입찰자를 세워놓고 낙찰받는다 한들 상처뿐인 영광이다. 그런데도 초보자들은 승리의 미소를 짓고 어깨에 힘이 꽉 들어간 채로 의기양양하다. 마치 수십 대 일의 경쟁을 뚫고 최종 합격된 자의 모습과 흡사하다.

하지만 현실은 여러분이 적어낸 가격에 대한 책임감이 뒤따른다. 사겠다고 계약금(입찰보증금)까지 걸었으므로 무를 수도 없다. 매각불허가사유라도 찾아내면 모르지만, 그렇지 않고선 꼼

짝없이 잔금을 납부하거나, 결국 잔금을 미납하면서 입찰보증금을 날리는 사태까지 올 수 있다. 그러므로 우리는 직접 그 부동산에서 살겠다는 생각을 버리고, 투자하겠다는 마음으로 다가가야 한다. 이 부동산의 수요층은 누구인지, 어느 정도 분포가 되어 있는지, 향후 미래가치가 있는지 살펴봐야 하며, 가치를 봤다면 적정가에 입찰하는 배포를 키워야 한다.

Part 6

움직이면 수익이 보인다

01 우량 물건 찾는 법

2020년 한 해 동안 진행된 경매 건수

2020년 한 해 동안 매각까지 진행된 경매 건수가 6만 4,000건이 넘는다. 경매 신청됐지만 중도에 취하, 취소, 기각된 건수까지 더하면 10만 건이 훌쩍 넘어간다.

경매 투자자 입장에서 경매 시초는 경매 물건을 선정하는 일인데, 경매 물건을 일일이 다 검색해보는 것은 웬만한 의지 없이는 불가능하다.

경매 물건을 고를 때 소요되는 불필요한 시간낭비를 줄이려면 물건 검색의 폭을 좁히는 기술이 필요하다. 그러기 위해서는 자신을 잘 알아야 한다. 경매 물건을 취득하는 목적이 무엇인지, 내가 어떤 지역과 종목을 선호하는지, 경매 물건에 투자하려는 규모가 어느 정도인지 등 경매 물건을 선정하기 위한 기본 전제를 설정할 필요가 있다.

경매 물건 고르는 법

1. 취득 목적이 무엇인가?

먼저 경매 물건을 취득하는 목적이 무엇인지를 분명히 할 필요가 있다. 돈 되는 물건이면 아무거나 취득하겠다는 묻지 마식 투자는 낙찰받고도 곧 후회하거나 입찰사고를 일으키는 주요 요인으로 작용할 가능성이 있다. 따라서 경매 물건을 취득하고자 하는 목적이 재테크를 위한 투자가 우선인지, 아니면 직접 거주나 영업을 위한 실수요가 우선인지를 분명히 해야 한다.

투자 목적이라면 입찰가를 수익률에 맞게 다소 보수적으로 산정하는 반면, 실수요인 경우라면 투자자보다는 입찰가를 높여 쓸 수 있는 여지가 있다.

2. 임대수익인가, 시세차익인가?

투자를 목적으로 할 때도 임대수익이나 시세차익 중 어느 것을 우선할 것이냐에 따라 물건 선정 기준이 달라진다. 예를 들어 임대수익을 우선으로 한다면 오피스텔, 상가, 원룸주택, 아파트형 공장 등이 주된 선정 종목이 될 것이다. 반면 시세차익을 우선시한다면 아파트, 개발호재 지역 토지, 재개발·재건축 예정 물건 등이 선정 대상이 될 것이다.

3. 관심 지역이 어디인가?

관심 지역을 설정한다는 것은 어느 지역을 우선 투자 지역으로 삼고 물건을 선정하느냐다. 이는 투자자의 성향에 따라 다른데, 신도시 개발, 지하철 및 도로 개통, 재개발 및 재건축 등 개발호재가 있는 지역을 우선 투자 지역으로 설정할 수도 있고, 개발호재보다는 현재 환경이나 편의시설, 쾌적성에 주안점을 둬 교육환경이나 출퇴근 거리에 포인트를 두고 지역을 설정할 수도 있다.

4. 어떤 종목을 선호하는가?

부동산 종별은 크게 주거용 부동산, 상업용 부동산, 토지로 나눌 수 있다. 주거용 부동산으로는 단독주택(단독주택, 다가구주택 등), 공동주택(아파트, 연립주택, 다세대주택 등)이 있다. 상업용 부동산은 근린상가, 업무 시설, 숙박 시설, 공업용 시설, 오피스텔 등이 있다.

토지는 농지, 임야, 대지 등 여러 가지 종목으로 분류된다. 부동산 종별에 따라 투자 목적, 요구수익률, 조사 내용 등이 다르므로 부동산 종별에 대한 분류나 개념 정립을 확실히 해야 한다. 예를 들어 같은 공업용 시설이라도 일반 공장은 개발이나 실수요 또는 시세차익을 바라는 반면, 아파트형 공장은 임대수익을 목적으로 한다.

이처럼 종별에 따라 투자 목적뿐 아니라 임장 활동 시 조사할 사항들이 제각각 다르다.

5. 자금 규모는 얼마인가?

자금 계획은 투자자가 어느 가격대의 경매 물건에 투자할 수 있는지를 가늠해볼 수 있는 척도로, 관심물건 선정 작업에 구체적으로 돌입하기 위한 중요한 전제조건이다. 투자자가 현재 보유하고 있는 여유자금뿐만 아니라 대출금(원리금 상환 또는 이자 부담 고려)을 포함해 투자 대상 물건이 과연 금액적으로 감당할 수 있는 범위의 물건인가를 판단한다. 자금 계획만 바로 세워도 경매 물건 검색에 소요되는 상당한 시간을 단축시킬 수 있다.

6. 특별 자금 비용도 세웠는가?

자금 계획을 세울 때는 단순 낙찰가 측면에서만 접근할 것이 아니라 총소요비용 차원에서 접근해야 한다. 매입가를 비롯해 취득세, 법무비용, 컨설팅 수수료, 개·보수비용 등 일반적인 비용을 비롯해 권리인수비용(유치권 금액, 임차인 보증금, 체납관리비 등), 명도 비용 등 경매 취득일 때 특별히 소요되는 비용도 고려해야 한다. 특히 낙찰 부동산 담보대출로 잔금을 납부할 생각이라면 대출 한도를 사전에 파악하고 입찰에 임하는 것이 좋다.

  간혹 무작정 낙찰받고 나서 대출 한도가 원하는 만큼 나오지 않아 잔금을 납부하지 못하고 입찰보증금을 몰수당하는 사례도 있다.

02 보이지 않는 현장의 함정부터 찾자

경매 물건을 선정해 권리분석을 마쳤으면 현장으로 출동할 차례다. 이때, 간단한 체크리스트를 작성해두는 등 사전준비가 필요하다. 경매 법원에서 제공한 현황평가서와 감정평가서를 참고해 중요한 내용을 토대로 조사목록을 미리 만들면 투자성 여부를 쉽게 판단할 수 있다.

초보 투자자가 현장답사할 때는 공적서류와 현황의 일치 여부부터 체크해야 한다. 서류와 실제 이용 시 차이점을 발견해내는 게 임장 활동의 기초다. 또 감정서를 바탕으로 경계확인, 경매 대상 포함 여부도 확인해야 한다.

경매 법률에 정통한 권리분석 고수라도 현장에서 기초조사에서 실패하면 성공하는 경매 투자라 할 수 없다. 특히 오랜 경력의 경매 고수라도 경계 확인과 위치 파악을 소홀히 했다가 법적인 분쟁을 겪는 사례를 여러 번 봐왔다. 관리가 소홀한 지방 농지나 임야의 경우 도랑이나 개울, 구거 등 자연지형으로 경계가 정해지거나 상속과정에서 지적도와 실제 사용관계가 다를 수 있어 정확한 위치와 경계확인은 필수 체크사항이다.

임차인 탐문도 임장 활동에서 빼놓을 수 없는 중요한 확인내용이다. 주택 점유자를 직접 만나보고 명도 저항 여부를 탐문하는 것 외에도 폐문부재일 경우 전기·수도 계량기와 우편물, 이웃주민 탐문을 통해 실제 점유 여부를 확인함으로써 임대차관계 성립 여부 체크도 서류상 권리분석만큼 중요하다.

겉모습만 보지 말자

서류상에 보이지 않는 함정 여부도 체크해봐야 한다. 예를 들어 법원의 매각물건명세서 비고란에 유치권 신고가 이뤄졌더라도 점유사실이 없거나 경매 개시일 이후 점유사실을 현장답사를 통해 밝혀냈다면 유치권 부존재 내용을 밝힘으로써 값싸게 낙찰받을 수 있다. 또 진입로, 도로문제, 주변 시세와 수용 여부 등 직접 그 부동산을 찾아가 살펴본 뒤 하자가 없다는 것을 확인하고, 감정가보다 훨씬 싼 가격에 낙찰받아 고수익을 챙길 수도 있다.

경매 정보에 건축연도가 오래된 부동산이라도 현장답사에서 개보수를 통해 부동산의 가치를 높일 수 있음을 알았다면 적극적으로 입찰을 고려할 만하다. 일반적으로 오래되어 낡고 허름한 주택은 투자자들이 지레 입찰을 포기해 유찰횟수가 늘어난다. 부정적 인상 때문에 가보지도 않고 포기하는 사람들이 적지 않지만 임장 활동을 통해 값싸게 낙찰받아 리모델링해서 양도하거나 임대하면 훨씬 실속 있는 투자처가 될 수 있다.

03 꼼꼼한 사전조사로 호재와 악재 바로 알기

　관심대상 물건에 대해 임장을 가기 전에 반드시 인터넷이나 전화로 사전조사를 해야 한다. 시세, 세금, 가스비, 관리비 등 전화로 사전에 파악하고 임장을 하면 훨씬 수월하다.

　특히 호재와 악재에 대한 사전조사는 반드시 필요하다. 본인이 입찰하고자 하는 지역의 호재 및 악재를 파악하지도 않고 접근하는 것은 단순히 경매를 통해 건물을 시세보다 싸게 낙찰받는다는 의미만 있을 뿐이지 재테크를 한다고는 볼 수 없다. 인터넷 신문, 지자체 홈페이지, 국토교통부 홈페이지 등에 방문해서 해당 지역의 호재를 정리한 후 그런 호재 등이 자신이 입찰하고자 하는 물건에 직접적인 영향을 미치는지 부동산 중개업소에 가서 반드시 확인해봐야 한다.

만약 사전조사가 없다면 중개업소에 가서도 폭넓은 대화를 하기 힘들다. 또 기본적인 호재에 대한 지식도 없다 보니 자신의 판단보다는 공인중개사의 말에 현혹되어 정확한 호재 조사가 힘들게 된다. 많은 사전조사가 있으면 폭넓은 대화를 통해 부동산의 흐름이나 정책 방향, 시장의 흡수 정도를 직접 현장에서 공부할 수 있으며, 그러한 경험이 하나씩 쌓여 부동산을 보는 혜안을 갖게 되는 것이다.

한편 악재도 꼼꼼히 확인할 필요가 있다. 중요한 것은 어떤 악재가 발견됐을 경우, 입찰을 포기하는 것이 아니라 악재가 언제 사라질지 그 시기를 임장을 통해 파악해야 한다는 것이다. 예를 들어, 경매 물건 인근에 군부대, 쓰레기 소각장, 구치소 등이 있을 경우, '여기는 살기에 좋지 않을 것 같다'고 생각하고 시작도 하지 않고 포기하는 것보다는 쓰레기 소각장이 언제 매립되는지, 군부대나 구치소가 언제 이전하는지 등을 임장을 통해 꼼꼼히 체크하는 자세가 더욱 중요하다.

또 교통요건이 좋지 않다고 하더라도 실질적으로 주거가 밀집되어 있으면 언젠가는 경전철, 버스노선 증설, 도로 개설 등의 교통 호재가 예상되는 지역이기에 더욱더 꼼꼼히 임장을 해야 한다. 악재로 보이더라도 그 악재가 없어지는 건 상대적으로 큰 호재이기 때문에 악재에 대한 분석도 게을리해서는 안 되는 것이다.

먼 거리 부동산 중개업소부터 가자

　임장을 쉽고 편하게 하면 그만큼 놓치는 부분도 많아진다. 필자는 임장을 할 때 경매 물건지로 바로 가지 않는다. 경매 물건지에서 100~500m 정도 떨어진 부동산 중개업소를 먼저 방문한다. 그러면서 그 지역에 대한 호재 및 악재를 파악한다. 어느 정도 대화가 무르익어 갈 때쯤 입찰하고자 하는 경매 물건의 인근지에 대해서 슬쩍 물어본다. 그럼 경매 물건 근처에서 들을 수 없는 이야기를 조금 떨어진 부동산 중개업소에서는 들을 수 있다.

　부동산 중개업 운영상 자신이 소재지로 하고 있는 지역의 물건에 대해서는 각종 호재와 장점을 부각하지만, 상대적으로 다른 지역에 있는 부동산에 대해서는 단점을 지적하는 경향이 있기 때문이다. 장단점을 모두 파악하고 나면 객관적인 부동산의 가치 판단이 가능해진다.

04 부동산 시장의 흐름에 따른 투자 성공법칙 3가지

첫 번째, 입지가 뛰어난 곳이 좋다

 부동산 투자는 현재가 아닌 미래에 투자하는 것이기에 바로 입지가 핵심이다. 입지는 곧 부동산의 가치를 이르는 말이다. 부동산의 위치는 고정되어 있으나 사회적·경쟁적·행정적으로 입지가 변화한다. 입지에서의 접근성이 좋은 부동산은 부가가치가 높아지는 등 외부효과에 의해 달라진다. 입지는 부동산이 가지는 내재가치의 약 70% 이상을 차지한다. 즉, 상가나 주택, 빌딩, 토지 등 입지가 약 70% 이상의 가치를 가지고 있는 것이다.

 특히, 입지의 특징은 지역의 중심에서 멀면 멀수록 부동산 가격이 낮아진다. 그 이유로는 도심권 외곽지역은 수요가 한정적이어서 시장의 변수에 민감하다. 가격 측면에서도 상승할 가능성이 적어 여러 가지 리스크가 상대적으로 높아질 수 있기 때문에 중심에서 떨어진 입지는 가격이 낮게 형성되는 것이다. 그래서 중심에서 떨어진 부동산에 투자할 때는 신중하게 해야 한다.

또한 부동산 시장은 극도로 지역적이다. 지역 전체가 쇠퇴하고 있는 곳에 투자하면 손해볼 확률이 높다. 보통 사람들은 입지가 더 좋은 곳으로 이동하려는 욕구가 있다. 이때 부동산의 수는 한정되어 있기 때문에 여러 사람이 중점적으로 매수에 나서게 됨으로서 가격이 오르는 것이기 때문에 입지가 부동산 재테크에서 가장 중요한 요소임을 잊어서는 안 될 것이다.

두 번째, 타이밍에 맞게 투자하자

부동산은 타이밍이 중요하다. 어찌 보면 부동산 시장의 위기라고 생각할 때가 투자하기에 적절한 타이밍이라 할 수 있다. 조금 지나 대다수의 사람들이 위기가 지났다고 생각할 때는 늦는다. 그때는 너도 나도 사려고 하기 때문에 가격이 올라가게 되고 그때 투자하면 리스크만 커지게 된다. 모두가 어렵다고 할 때 바로 이때 투자해야 성공할 수 있는 것이다. 이것이 사고파는 가장 기본적인 사항인데 실천에 옮기는 사람은 많지 않다. 사람들의 습성 중 하나는 나 홀로 움직이는 것을 두려워하기 때문이다. 남들과 같이해야 두렵지 않은 군중심리가 있어서 아무리 강조해도 움직이지 않으려고 한다. 그러나 명심해야 할 것은 부자들은 불황기에 물밑에서 매우 바쁘게 움직이고 있다는 것이다. 그래서 부의 차이가 생기는 것이 아닌가 한다.

세 번째, 매입할 때부터 판매 전략을 세우자

부동산은 매입할 때부터 판매 전략을 세워 놓아야 한다. 과거 부동산 가격 상승기에는 단순히 부동산을 매입해 시간이 흐르면 높은 수익을 기대할 수 있었다. 하지만 지금은 이런 투자로 높은 수익을 기대할 수 없다. 그러므로 부동산을 매입할 때부터 파는 시기와 예상 매도가격 등을 예측하고 대비해야 한다.

몇 년 후에 부동산을 팔지, 어느 정도의 이익을 보고 팔 수 있는지, 최대의 이익을 볼 수 있는 것이 무엇인지 등 구체적인 계획을 세우는 것이 부동산을 구입할 때 첫 번째 할 일이다.

부동산 경기가 좋을 때는 웬만한 부동산이 매물로 나오면 곧바로 팔려나가지만 부동산 경기가 나빠지면 여간해선 팔리지 않기 때문에 미리 살 때부터 팔 때를 고민해야 한다. 즉, 부동산 투자를 할 때는 매입할 때부터 판매 전략을 세워 놓고 투자를 해야 성공할 수 있는 것이다.

05 괜한 걱정에 움츠러들지 말자

　부동산 재테크에 성공한 자와 실패하는 자의 차이는 바로 헛걱정의 유무에 있다고 해도 과언이 아니다. 현재 부동산 시장의 억제 정책으로 모두가 불안에 떨고 있다. 그래서 투자를 해야 할지 말아야 할지, 투자를 한다면 어디에, 언제, 어떻게 해야 하는지, 정책은 어떻게 변할지, 기대수명은 늘어나는데 퇴직 후 어떤 부동산으로 어떻게 살아갈지 등 걱정들을 많이 한다. 걱정만 한다고 해결되는 것은 아무것도 없는데 말이다.

　사람들이 살아가면서 하는 걱정거리 100% 중 50%는 실제 일어나지 않는 일이고, 30%는 이미 지나간 일이며, 15%는 나와 전혀 상관없는 일이란 통계가 있다. 즉, 95%는 걱정할 필요가 없는 것에 걱정하고 있는 것이고, 나머지 5% 중 2.5%는 사람이 아무리 걱정해도 해결이 안 되는 것이다. 결국 진짜 걱정거리는 2.5%밖에 없다. 그런데도 사람들은 2.5%의 걱정거리에 목숨을 건다.

성공적인 부동산 경매 투자를 위한 7가지 조언

1. 이론에 치중하지 말고 발로 뛰자

부동산은 살아 숨 쉬는 생물과 같아서 변화도 많고 예상하지 못한 함정도 많다. 그런 만큼 모든 문제의 답은 현장에 있다. 부동산 경매로 부자가 되고 싶으면, 이론에 너무 치우치지 마라. 이론에 치우치는 순간 돈과 멀어진다.

2. 미래가치가 있는 부동산을 택하자

경매로 재미를 보고 싶다면 물건의 내재적인 가치, 즉 미래가치를 파악해야 한다. 예를 들어 신건에서 감정가의 120%를 써서 낙찰받는다면 이상하게 보일지 모르나, 얼마 후에 상승할 것이 분명하다면 망설이지 말고 투자해야 한다.

3. 낙찰에 실패하더라도 그 과정에서 배우자

낙찰에 실패하더라도 경매 과정을 역추적해보면 경매를 빨리 배울 수 있다. 예를 들어 최저가가 2억 원인 다세대주택에 총 8명이 입찰해서 최고가 매수인이 3억 원을 써서 낙찰받았고, 나머지 5명도 낙찰자와 비슷한 금액을 썼는데 나만 낮은 가격을 써냈다면 분명 그만한 이유가 있다. 왜 다른 사람들이 입찰가를 높이 썼는지 부동산 주변에 가서 역추적해보면, 자신만 몰랐던 개발호재 등을 알게 되는 경우가 많다.

4. 지리를 훤히 꿰뚫자

현장조사를 나갈 때는 가능한 한 대중교통을 이용하고 걸어 다니는 게 좋다. 버스나 지하철 노선만 제대로 알아도 성공적인 투자의 길로 한 걸음 앞서 나갈 수 있다. 또한 발로 걸어 다니면 조사 지역의 교통은 편리한지, 편의시설은 잘됐는지, 학군은 좋은지, 관공서는 어디쯤에 있는지, 상권은 잘 형성됐는지, 형성됐다면 주요 고객은 어떤 사람인지, 혐오시설은 없는지 등을 알 수 있다.

5. 부동산 성형외과 의사가 되라

이제는 경매로 부동산을 구입해서 그대로 파는 시대는 지났다. 하자 있는 부동산을 개조해서 재창출해야 한다. 가령 길이 없는 맹지는 도로를 만들고, 농지나 임야 등은 대지로 형질을 변경해서 팔면 수익을 높일 수 있다. 상권이 죽어 있는 상가를 20~30% 저렴하게 낙찰받아 리모델링한 후 다른 용도로 사용해도 된다.

6. 형편에 맞게 투자하자

낙찰부터 받고 보자는 무리한 투자가 큰 화를 부르게 되는 경우가 많다. 형편에 맞지 않는 부동산을 덜컥 샀다가 대출 이자의 늪에서 허우적대거나 몇 년째 손해를 보면서 팔지도 못하고 속만 썩는 경우도 부지기수다.

7. 경매 멘토를 곁에 두자

숨어 있는 위험이 많은 경매 세계에서는 전문가의 도움이 절실하다. 초보 투자자일수록 진실하고 경험이 많은 고수를 꼭 곁에 스승으로 두자.

06 작은 물건이 더 알짜다

한 달에 500만 원의 월세가 나오려면 얼마의 자금이 필요할까? 10억 원짜리 주택을 임대 놓는다 해도 보통 300만 원 내외일 뿐 500만 원 월세를 받기는 힘들다. 그렇다면 여러분이 노후

소재지	경기도 고양시				
물건종별	다세대(빌라)	감정가	125,000,000원		
대지권	36.74㎡(11.114평)	최저가	(49%) 61,250,000원		
건물면적	49.74㎡(15.046평)	보증금	(10%) 6,125,000원		
매각물건	토지·건물 일괄매각	소유자	엄		
개시결정	2012-06-01	채무자	엄		
사건명	임의경매	채권자	임		

구분	입찰기일	최저매각가격	결과
1차	2012-09-18	125,000,000원	유찰
2차	2012-10-16	87,500,000원	유찰
3차	2012-11-13	61,250,000원	
	낙찰 : 76,130,000원 (60.9%)		

(입찰5명,낙찰: / 차순위금액 73,138,000원)
매각결정기일 : 2012.11.20 - 매각허가결정
대금지급기한 : 2012.12.21
대금납부 2012.12.21 / 배당기일 2013.01.24
배당종결 2013.01.24

경매 낙찰 결과 내역

에 월 500만 원의 월세 수입을 위해서는 15억 원 이상의 부동산이 필요하다는 결론이 나오는데, 매번 그런 것은 아니다.

경기도 고양시에 위치한 전용면적 15평(분양면적 25평) 빌라가 경매에 나왔다. 방 3, 주방, 거실, 욕실, 다용도실까지 갖춘 공간이어서 일가족이 거주하는 데도 무리가 없는 형태였다. 해당 빌라의 더 큰 가치는 사용승인일이 1988년 9월로, 30년이 지난 2018년 이후에는 재건축대상이 되는 점이었다.

현재 1종일반주거지역인 점이 관건이지만, 향후 기부채납 등의 조건이 맞으면 용도지역 상향도 될 수 있는 곳이라 미래가치도 좋아 보였다. 해당 빌라에 입찰해 7,600만 원에 낙찰받았으며, 87%에 해당하는 6,600만 원을 대출받았다. 따라서 취득세 및 법무사 비용을 모두 합해도 실투자금은 1,200만 원을 넘지 않았다.

700만 원 투자 순수익 월 41만 원

해당 빌라는 소유자가 거주하고 있었는데, 이 집에서 계속 거주하길 원하는 소유자에게 보증금 500만 원, 월세 55만 원에 임대를 했다.

보통 경매로 낙찰받은 후 소유자에게 재임대하길 꺼리지만, 해당 주택의 소유자는 여성으로 충분히 월세를 낼 능력이 있어 계약을 했다. 실제로 4년 넘게 이 주택을 보유하는 동안 한 번도 월세를 밀리지 않아 제대로 된 선택이었다.

보증금으로 500만 원을 회수했으니 실투자금은 700만 원이다. 6,600만 원에 대한 월 이자 14만 원(연2.5% 이율)은 월세에서 제하고도 41만 원의 순수익이 남는다. 즉, 700만 원을 투자하고 41만 원을 버는 셈이다. 이런 주택을 12채 경매로 낙찰받으면 실 투자금은 8,400만 원이 되며, 대출 이자를 월세에서 모두 제하고도 남는 순수익이 월 500만 원이다. 어떤가? 작은 물건이 더 알짜란 말이 실감이 나는가? 게다가 미래가치까지 있지 않은가? 실제 이 물건은 재건축까지 계속 보유하려다 다른 물건에 자금을 투자할 사정으로 4년 7개월을 보유 후 9,800만 원에 매각했다. 즉, 700만 원을 투자해 순수익을 41만 원씩 받다가 2,100만 원의 시세차익까지 얻은 것이다.

월세가 꼬박꼬박 들어오는 건물주를 꿈꾸는 투자자들이 많은데, 너무 멀리서 찾을 거 없이 가까이서 이렇게 월세를 만들어 갈 수 있다. 다만, 미래가치를 꼭 따져봐야 한다. 월세를 받는다고 좋아했는데, 곶감 빼먹듯 부동산의 자산가치가 낮아지면 결과적으로 큰 손해다. 따라서 월세 수익을 얻으면서 미래가치가 있는 부동산에 투자해야 실패가 없다. 빌라의 경우 재건축이 가장 큰 호재다. 특히 요즘은 미니 재건축으로 작은 면적도 얼마든지 재건축 추진이 가능하니 입지는 좋지만 오래되어 망설였던 빌라라면 적극적으로 나서서 투자 가치를 알아보도록 하자.

07 머릿속 계산은 그만, 움직여야 답이 보인다

 앞선 사례에서 보듯, 적은 투자금으로도 얼마든지 높은 수익을 낼 수 있으니 경매에 적극 도전해보면 좋다. 하지만 아직도 많은 분들이 다른 사람이 경매로 돈 번 사례를 보고도 망설이고 있다. 아무리 목표를 체계적으로 세웠을지라도 계획을 실행시켜 결과를 산출하지 못한다면 아무 소용이 없다. 열정을 갖고 에너지를 불러일으켜 결단을 내리지만, 그 결단이 결과로 이어지도록 실행할 줄도 알아야 한다. 여러분이 성공하기 위해 가져야 할 첫 번째는 에너지다. 에너지는 곧 열정이어서 활기를 띠게 된다.

 여러분이 무언가를 정말로 하고 싶어 하지 않는다면, 세상은 친절하게도 당신이 그 일을 실행하지 못할 좋은 이유를 선사한다. 반대로 만약 그 일을 하고 싶은 마음이 진심이라면 세상이 제시한 어떤 이유도 당신을 막지 못할 것이다. 간절하지 않으면 그 일이 불가능한 이유가 쏟아져 나온다. 간절히 원하면 가능한 이유와 방법들이 저절로 나타난다. 가능과 불가능은 외부 상태나 본인의 실력 고하가 아닌, 간절히 원하는 마음의 존재 여부에서 갈린다.

성공하는 사람과 그렇지 못한 사람의 차이는 '움직임(실행)'에 있다. 목표를 세우고 그 목표를 향해 열심히 노력하는 것이 성공의 길이라는 걸 모르는 사람은 없다. 같은 목표를 세웠지만 누구는 성공하고, 누구는 성공하지 못한다. 결국 성공이란 목표의 유무 문제가 아니라 실행의 문제인 것이다. 그렇다면 실행력을 높이려면 어떻게 해야 할까? 한 가지 중요한 사실은 실행력이 대단한 노하우를 요하는 것이 아닌 하나의 습관이라는 점이다. 마치 운동선수가 꾸준한 훈련을 통해 근력을 키우고 기술을 몸에 익히는 것과 같다. 즉, 실행력은 반복적인 실행을 통해서만 높일 수 있다. 따라서 실행력을 높이기 위해서는 일을 미루지 않고 즉시 실행하는 습관, 목표한 성과가 나올 때까지 끈질기게 실행하는 습관을 갖는 것이 중요하다.

08 즉시 행동하게 만드는 마법의 법칙

　보고에 의하면, 15~20% 정도가 실행력 결핍증이란 통계가 있다. 즉, 우리 주변에도 10명 중 2명 정도는 실행력 결핍증을 가지고 있다는 이야기다. 실행력 결핍은 실행을 못해서 생기는 말썽만이 아니라 여러 다른 문제들의 원인이 된다. 예를 들어, 이가 아파 치과에 가야겠다는 생각만 하고 실행을 하지 않는 경우를 생각해보라. 실행력 부족으로 인해 결국 간단히 치료할 수 있던 치아를 최악의 경우에는 아예 잃어버리는 결과까지 올 수 있다. 그렇다면 왜 실행력이 부족하게 될까? 크게 2가지 유형으로 볼 수 있다.

　첫째, 일을 미루는 유형이다. 이는 실행력 부족의 가장 흔한 이유다. 심리학자에 따르면 일을 미루는 근원적 원인은 두려움 때문이라고 한다. 예를 들어 시험공부를 뒤로 미루는 학생은 말로는 마음만 먹으면 시험공부를 며칠 만에 끝낼 수 있다고 떠들지만, 사실은 시험공부를 시작하는 순간, 시간이 너무 부족하다는 현실에 직면하게 된다는 걸 알고 있다. 그 현실에 직면하기 두렵기 때문에 계속 미루는 것이다. 이렇게 미루면 미룰수록 두려움은 더 커지고 결국 더욱더 미루고 싶어지는 악순환에 빠진다.

이를 해결하기 위해서는 일지를 쓰는 게 효과적이라고 한다. 내일 할 일보다 먼저 오늘 해낸 일을 적으면서 그렇게 작은 실천을 통해서 이 일을 할 수 있다는 믿음과 용기를 충전하는 것이다. 한 단계씩 진전될 때마다 그 진전에 의미를 부여함으로써 자신감을 회복하다 보면 두려워하던 큰일도 결국 해내게 되어 있다.

둘째, 목표가 지나치게 큰 유형이다. 이 유형은 사실 목표가 큰 게 아니라 너무 막연한 게 문제다. 대개 막연하게 최종 목표만 생각하고 있을 뿐 그 목표에 도달하기 위해서 구체적으로 거쳐야 하는 단계를 생각하지도, 실행하지도 않는다. 해야 할 일이 뭔지는 아는데 그걸 어디부터 시작해야 할지를 결정하지 못하고 계속 머뭇거리게 된다. 그저 막연하게 반드시 끝내야 한다는 생각만 계속하면서도 일을 시작하지 못한다. 그 결과 해야 할 일이 점점 더 어렵게 느껴지다가 나중에는 거의 불가능할 정도로 거창하게 보인다.

이를 해결하기 위해서는 메모가 좋다. 이번 분기에 달성해야 하는 큰 목표가 아니라 내일 아침에 해야 할 일을 메모하는 것이다. 너무 많이 쓰지 말고 3~4개 정도로 시작해 다음 날 하루가 다 가기 전에 메모했던 항목들을 전부 처리하는 것을 목표로 하자. 중요한 건 올해 목표가 아니라 당장 내일 할 일이다. 그것들을 하나씩 끝내다 보면 어느 순간 목표에 도달하게 된다.

우리 마음은 관성이 있다. 멈춰 있을 때는 계속 멈춰 있으려는 힘이 우세하기 마련이지만, 일단 실행하려는 힘이 우세해지면 삶 전체가 실행하려는 힘에 의해 굴러가기 시작한다. 그 차이를 만드는 건 결국 작은 실천이다. 경매도 마찬가지다. 수백 채 낙찰받은 고수의 이야기를 듣노라면 그 수준에 도달하기 너무 버거워 지레 포기하는 사람도 있지만, 고수도 시작은 작은 한 채부터였다. 그러니 여러분도 지금 당장, 아주 작은 낙찰부터 도전해보자. 실행의 관성이 시작될 것이다.

Part 7

주의해야 할
실전 경매 함정

01 감정가 맹신은 금물

"몇 %에 낙찰받으셨어요?"

낙찰받은 물건을 소개할 때면 으레 이런 질문이 나온다. 감정가 대비 낮은 %에 낙찰받을수록 뭔가 더 대단해보이고 능력 있어 보이나 보다. 하지만 이는 적절한 질문이라고 볼 순 없다.

"경매는 최소한 한 차례 이상 유찰된 다음에 입찰하는 거 아닌가요?"

신건에 입찰하자고 했을 때 보이는 고객의 반응이다. 감정가인 신건에 입찰하자니 뭔가 손해 보는 느낌이 들어서일 것이다.

두 사례처럼 흔히 감정가를 기준으로 '싸게 낙찰받았네, 비싸게 낙찰받았네'를 판단하는 경향이 있는데 이는 올바르지 않다. 감정가는 말 그대로 감정 평가한 시점의 가격이지 현 시세가 아니다.

  법원은 경매개시결정이 되면 감정평가기관에 의뢰해 해당 부동산의 감정을 실시한다. 이후 채권자 및 임차인의 권리 신고와 배당요구 등 법원의 절차에 따라 경매 진행이 되면서 매각기일이 정해진다. 즉, 감정가는 경매개시결정 직후에 결정된다. 그런데 실제 매각이 진행되기까지는 통상 6~7개월 정도가 소요되어 시세가 급변하는 시기에는 감정가와 시세의 차이가 수천만 원에서 수억 원에 달할 수도 있다. 따라서 경매는 무조건 유찰된 다음에 들어간다는 생각을 버리고, 현 시세와 감정가를 비교해 적절한 타이밍에 입찰하는 지혜를 발휘해야 한다.

소재지	경기도 고양시 일산서구
새주소	경기도 고양시 일산서구
물건종별	아파트
대지권	17.051㎡(5.158평)
건물면적	94.444㎡(28.569평)
매각물건	토지·건물 일괄매각
개시결정	2020-03-03
사건명	임의경매

감 정 가: 568,000,000원
최 저 가: (100%) 568,000,000원
보 증 금: (10%) 56,800,000원

오늘조회: 1 2주누적: 530 2주평균: 38

구분	입찰기일	최저매각가격	결과
1차	2021-01-12	568,000,000원	

낙찰 : 691,000,000원 (121.65%)

(입찰10명,낙찰:고양시 /
차순위금액 662,000,000원)

매각결정기일 : 2021.01.19

[예시] 감정가보다 훨씬 높은 가격에 낙찰된 경우

  반대의 경우에도 마찬가지다. 법원 감정가가 시세보다 더 높을 수 있기 때문에, 최저매각가격을 시세와 비교하지 않고 단순히 감정가보다 떨어졌다는 이유만으로 낙찰받았다가는 낭패 보기 쉽다.

소 재 지	경기도 부천시			; 도로명검색 🌐지도 🌐지도			
새 주 소	경기도 부천시						
				오늘조회: 1 2주누적: 1 2주평균: 0 조회동향			
물건종별	근린상가	감 정 가	936,000,000원	구분	입찰기일	최저매각가격	결과
				1차	2019-08-27	936,000,000원	유찰
대 지 권	13.605㎡(4.116평)	최 저 가	(34%) 321,048,000원	2차	2019-10-01	655,200,000원	유찰
				3차	2019-11-12	458,640,000원	유찰
				4차	2019-12-17	321,048,000원	낙찰
건물면적	59.04㎡(17.86평)	보 증 금	(20%) 64,209,600원	낙찰 416,888,880원(44.54%) / 2명 / 미납 (차순위금액:342,300,000원)			
					2020-03-03	321,048,000원	변경
매각물건	토지·건물 일괄매각	소 유 자	김▓▓	5차	2020-04-07	321,048,000원	
				낙찰 : 332,799,000원 (35.56%)			
개시결정	2018-12-27	채 무 자	김▓▓	(입찰1명,낙찰▓▓▓▓▓)			
				매각결정기일 : 2020.04.14 - 매각허가결정			
				대금지급기한 : 2020.05.19			
사 건 명	임의경매	채 권 자	전▓▓	대금납부 2020.05.08 / 배당기일 2020.06.24			
				배당종결 2020.06.24			

[예시] 감정가의 약 1/3 가격에 낙찰된 경우

매물은 직접 확인해야 한다

요즘 위성지도나 로드뷰 등 지도서비스가 워낙 잘 갖춰져 있다 보니 현장을 가보지도 않고 감정가만 보고 입찰하는 투자자들이 있다. 하지만 매물 현장 주변의 동선과 주차상황, 사람과 차량 통행량, 일조량, 토지의 높낮이 등은 직접 가서 봐야 알 수 있다. 연간 1~2회 촬영하는 로드뷰로는 수시로 변하는 현장 상황을 정확하게 확인할 방법이 없다. 위성지도도 토지의 높낮이나 이용실태 등을 명확히는 알 수 없기 때문에 현장을 찾아 직접 눈으로 꼼꼼히 살피는 게 중요하다. 이런 정확한 현장 확인 없이 무턱대고 응찰했다가 뒤늦은 후회를 하는 낙찰자들도 많다.

02 입주 시기는 넉넉히 잡아야 낭패가 없다

 현재 전세 사는 분이 경매에 참여해 실거주를 목적으로 주택을 낙찰받는 경우가 있다. 전세 만료기간을 얼마 앞둔 상태에서 낙찰을 받았다가 소유자 또는 경매 세입자가 항고(이의신청)하는 바람에 의외로 입주 지연이 생기는 경우가 있다. 항고가 기각되지 않는 한 판결까지 최소 3~6개월 걸리고, 이사(명도)까지 하는 데 2~3개월이 더 소요되므로 실거주를 목적으로 낙찰받는 분들은 입주 시기를 넉넉히 예상해야 낭패가 없을 것이다.

낙찰 후 부대 비용 감안해야

 간혹 입찰자가 적어 싸게 낙찰받았다고 좋아하는 경우가 있는데, 낙찰받았다고 끝이 아니다. 물건에 하자는 없는지, 낙찰받은 후에 진행되는 절차에서 발생하는 기타 비용이 얼마인지 모두 고려해야 한다.

취득 시 명도를 위해 이사비가 지급될 수 있고, 협의가 안 되면 강제집행 비용이 들 수 있다. 참고로 강제집행 비용은 1평당 13만 원(노무비+부대 비용 등)을 계산하면 쉽다. 따라서 입찰 전부터 명도 비용을 감안해 입찰가를 산정해야지, 무조건 낙찰받고 보자는 심정으로 높은 가격에 입찰하면 명도 비용을 지출할 수 없어(지출하면 손해이므로) 원활한 명도가 되지 않을 수 있다.

또한 부동산 규제정책에 따라 대출률은 어떻게 달라졌는지, 잔금을 어떻게 마련할지 등의 구체적인 자금계획을 세워야 한다. 경매는 입찰 당일 보증금으로 최저매각금액의 10%(재매각 물건은 20%)를, 매각허가결정 후 약 35일 내에 잔금을 납입해야 한다. 그런데 구체적인 자금 계획 없이 입찰했다가 돈을 마련하지 못해 잔금을 미납, 입찰보증금을 몰수당하는 사태가 발생할 수 있다. 특히 거듭 발표되는 부동산 정책으로 인해 규제지역의 범위가 확대되고 있으니, 정부의 부동산 정책을 빼놓지 말고 숙지하는 습관을 들여야 대출 착오가 발생하지 않는다.

03 '0' 하나 더 쓰고 가뿐히 10배 높은 가격에 낙찰된 사례

소재지	서울특별시 강동구 ▨▨▨▨				오늘조회: 1 2주누적: 3 2주평균: 0	
물건종별	임야	감정가	2,788,674,000원	구분	입찰기일	최저매각가격	결과
				1차	2019-03-25	2,788,674,000원	유찰
				2차	2019-04-29	2,230,939,000원	유찰
토지면적	15529㎡(4697.523평)	최저가	(26%) 731,034,000원	3차	2019-06-10	1,784,751,000원	유찰
				4차	2019-07-22	1,427,801,000원	유찰
				5차	2019-09-09	1,142,241,000원	유찰
건물면적		보증금	(20%) 146,206,800원	6차	2019-10-21	913,793,000원	낙찰
				낙찰 9,251,793,000원(331.76%) / 2명 / 미납 (차순위금액:950,000,000원)			
매각물건	토지 매각(제시외기타 포함)	소유자	김▨ 외 1명	7차	2020-02-24	913,793,000원	유찰
				8차	2020-04-06	731,034,000원	
				낙찰 : 1,142,000,000원 (40.95%)			
개시결정	2018-10-11	채무자	김▨	(입찰2명,낙찰:김▨▨▨▨▨ / 차순위금액 1,027,890,000원 / 차순위신고)			
				매각결정기일 : 2020.04.13 - 매각허가결정			
				대금지급기한 : 2020.05.21			
사건명	임의경매(공유물분할을위한경매)	채권자	김▨	대금납부 2020.05.21 / 배당기일 2020.06.18			
				배당종결 2020.06.18			

9억 원 상당의 임야가 92억 원에 낙찰된 사례

"어머나!"

2019년 10월, 서울동부지방법원 경매 법정 안이 술렁거렸다. 감정가 27억 원 상당의 임야가 5번의 유찰을 거쳐 9억 1,300만 원의 최저가인 상태에서 2명이 입찰, 92억 원에 낙찰된 것이다. 입찰자가 실수로 '0'을 하나 더 붙여 예상보다 10배나 높은 가격에 떡하니 낙찰되고 나니 어찌 당황스럽지 않겠는가. 낙찰자는 다음 날 바로 매각불허가신청서를 제출하며 불허가가 되길 바랐지만 기각되면서 현실은 매각 '허가'가 나왔다. 결국 낙찰자는 잔금을 미납하게 되어 입찰보증금 약 9,140만 원을 날리게 됐다.

2019.10.22	최고가매수신고인 열람및복사신청 제출
2019.10.22	최고가매수신고인 매각불허가신청서 제출
2019.10.28	최고가매수인 열람및복사신청 제출
2019.10.28	최고가매수인 매각허가결정등본
2019.11.04	최고가매수인 소송위임장 제출
2019.11.04	최고가매수인 사법보좌관 처분에 대한 이의신청 제출
2020.02.10	기타 그○ 신청대리인사임서 제출

매각불허가신청서를 제출한 문건 접수내역

고가 낙찰자는 억대에 가까운 목돈을 날렸지만 소유자는 앉아서 공돈을 벌었다. 몰수된 보증금은 다음 회차 낙찰금액에 더해 배당금액에 속하는데, 해당 경매는 공유물 분할을 위한 형식적 경매여서 소유자에게 고스란히 돌아가기 때문이다. 이 사건에서 억울한 건 9억 5,000만 원을 써낸 차순위 입찰자다. 만약 경매가 정상적으로 진행됐다면 1등으로 낙찰이 가능했기 때문이다.

입찰서 작성은 차분하게

경매가 대중화되면서 경매에 참여하는 계층도 다양해지고 있다. 과거에는 경매를 업으로 하는 전문 경매인이 많았지만, 요즘에는 회사원, 대학생, 은퇴자 등이 내 집 마련, 재테크, 투자를 위해서 경매 법원을 방문한다. 그렇다 보니 법원 주변에서는 이렇게 웃지 못할 해프닝들이 종종 발생한다. 잘못 낙찰을 받았을 경우 7일 내에 법원에 매각불허가 신청을 해야 하는데, 법원이 매각불허가 하는 사유는 4가지다.

첫째, 이해관계인의 이의가 정당하다고 인정될 때, 둘째, 직권으로 매각불허가 할 사유가 있을 때, 셋째, 과잉매각이 될 때, 넷째, 집행정지결정 정본이 제출된 경우다. 그렇다면 0을 하나 더 쓰는 실수로 10배나 높은 가격으로 낙찰을 받아 이의를 제기한 경우 과연 매각불허가 될까? 매각불허가 되려면 민사집행법 제121조에 명시된 정당한 이의신청사유에 해당되어야 한다.

> **민사집행법 제121조**(매각허가에 대한 이의신청사유) 매각허가에 관한 이의는 다음 각 호 가운데 어느 하나에 해당하는 이유가 있어야 신청할 수 있다.
> 1. 강제집행을 허가할 수 없거나 집행을 계속 진행할 수 없을 때
> 2. 최고가매수신고인이 부동산을 매수할 능력이나 자격이 없는 때
> 3. 부동산을 매수할 자격이 없는 사람이 최고가매수신고인을 내세워 매수신고를 한 때
> 4. 최고가매수신고인, 그 대리인 또는 최고가매수신고인을 내세워 매수신고를 한 사람이 제108조 각호 가운데 어느 하나에 해당되는 때

5. 최저매각가격의 결정, 일괄매각의 결정 또는 매각물건명세서의 작성에 중대한 흠이 있는 때
6. 천재지변, 그 밖에 자기가 책임을 질 수 없는 사유로 부동산이 현저하게 훼손된 사실 또는 부동산에 관한 중대한 권리관계가 변동된 사실이 경매 절차의 진행 중에 밝혀진 때
7. 경매 절차에 그 밖의 중대한 잘못이 있는 때

착오로 인한 높은 가격 기재는 매각불허가 사유가 될 수 없다

민사집행법에 의한 부동산 경매 절차에서는 민사집행법 제121조 각 호 및 제124조 제1항에 규정된 사유가 아닌 이상 매각을 불허할 수 없고, 최고가매수신고인이 착오로 자신이 본래 기재하려고 한 입찰가격보다 높은 가격을 기재하였다는 사유는 민사집행법 제121조 각호 및 제124조 제1항의 어디에도 해당한다고 볼 수 없으므로, 결국 그러한 사유로는 매각을 불허할 수 없다(대법원 2009마2252 판결).

판례에서 보듯, 낙찰자의 착오로 입찰가격을 높게 기재했다는 사유는 매각불허가 사유로 볼 수 없다. 따라서 0을 하나 더 붙여 10배 높은 가격에 낙찰받은 경우 매각불허가신청을 해도 기각되어 결국은 잔금을 미납하는 경우로 이어진다. 그러므로 착오로 인해 입찰가격 기재 실수로 매각불허가를 신청하는 게 아닌, 절차상의 하자 등 다른 원인을 찾아 불허가 신청을 하는 것이 바람직하다.

또한 입찰서에 '0' 하나 더 표기하는 실수는 경매 법정에 늦게 도착해 급하게 입찰표를 작성하는 과정에서 발생하기 쉬우

므로 인터넷으로 서식을 출력해 집에서 미리 작성해가는 습관을 들이면 좋다.

법원경매정보 홈페이지에서 '경매 지식 → 경매 서식'을 클릭한다.

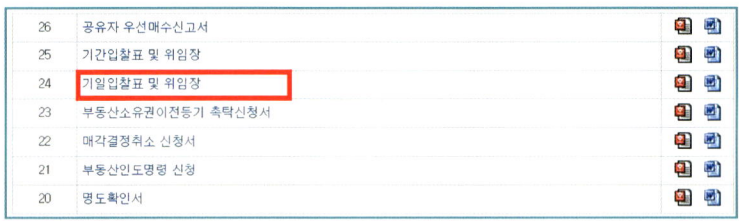

경매 서식 종류 중에 '기일입찰표 및 위임장'을 출력해 작성한다.

04 인수되는 임차인을 몰라 보증금을 날리다

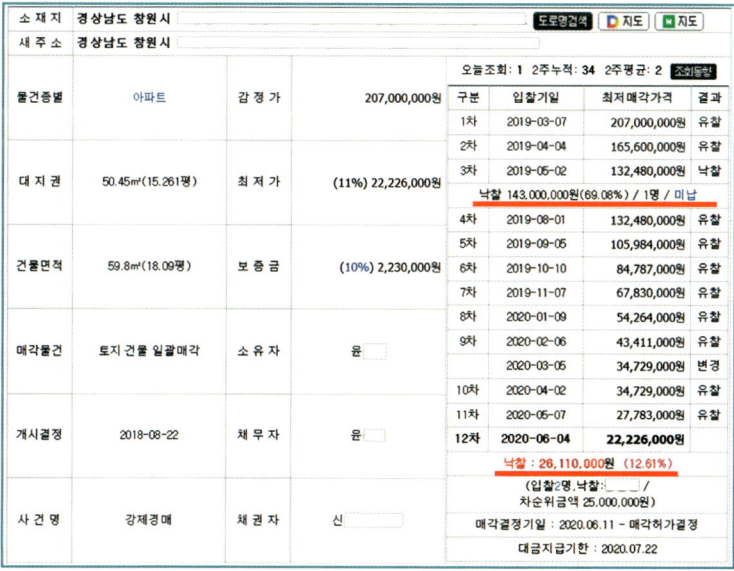

재매각된 경매 사례

선순위 임차인이 배당요구하지 않은 경우 낙찰자가 인수해야 한다. 대항력이 있기에 잔여 임차기간과 보증금 전액을 물어줘야 해당 주택의 점유를 확보할 수 있다. 임차기간이 만료됐음에도 보증금을 반환받지 못하면 임차인은 해당 주택에서 퇴거하지 않을 수 있다. 임차보증금 반환의무와 주거 퇴거 의무는 동시이행관계이기 때문이다. 따라서 이런 주택에 입찰하는 경우 예상 입찰가에서 해당 보증금을 차감한 가격에 입찰해야 한다. 그런데도 이 사례처럼 입찰자의 실수가 종종 발생한다.

해당 주택의 매각물건명세서

사례 주택의 매각물건명세서를 보면 임차인 강○이의 전입신고일은 2015년 11월 2일로, 말소기준등기인 2018년 8월 22일

강제경매개시결정보다 빠르다. 강○이는 전세권설정을 한 선순위임차인으로 배당요구를 하지 않아 낙찰자에게 인수되는 임차인이다. 따라서 입찰자는 임차인의 보증금 1억 4,000만 원을 변제해야 하므로 이 금액만큼 차감한 가격에 입찰해야 한다. 게다가 임차인의 전세권설정등기는 인수한다는 친절한 설명까지 덧붙여 있다. 그런데도 어느 한 입찰자가 1억 4,300만 원에 입찰했으니 결과적으로 감정가 2억 원인 주택을 2억 8,300만 원에 입찰한 꼴이 되어 잔금을 미납하게 된 것이다.

경매 공부는 꼼꼼히

시중에 출간된 경매 서적도 많고, 유튜브 등 온라인상에서도 각종 경매 지식들이 방출되고 있다. 문제는 이를 꼼꼼히 학습하는 게 아닌 대충 이해한 뒤 입찰하는 사태가 발생하고 있다. 앞서가는 열정에 얼른 도전하고 싶은 마음은 이해하지만 입찰보증금이 한두 푼이 아닌데, 너무 서두르지 않나 싶다. 급히 먹은 밥이 체한다고 이런 분들을 보면 조마조마할 때가 많다.

경매 물건은 많다. 솔직히 자금이 부족해서 경매를 못하지, 물건이 없어 경매를 못하진 않는다. 그러니 체계적인 실력을 갖추고 경매에 도전을 하기 바란다. 실력 쌓을 시간이 부족한 경우 전문 실력가를 곁에 두고 조언을 들으며 경매 도전하는 방법도 추천한다. 그렇지 않고 용기만 갖고 경매 시장에 도전하기엔 너무 무모하지 않나 하는 걱정이 든다.

05 경매, 승자의 저주를 주의하자

여러분이 평소에 봐둔 지역에 괜찮은 매물이 나왔다. 주변 시세를 고려해보면 대략 3억 원의 가치를 지닌 아파트인데, 대략 2억 6,000만 원 선에서 낙찰을 받을 수 있을 것 같다. 낙찰받아 단기적으로 시세차익을 노리고 팔거나, 어느 정도 보유하다가 털어버릴 계획도 세우게 될 것이다.

입찰을 위해 떨리는 마음으로 경매장에 들어선 당신. 그런데 평소보다 경매장에 사람이 많다. 그리고 다들 어디론가 열심히 전화를 걸며 가격을 분석하는 것 같다. 모든 사람이 같은 물건에 입찰하는 것이 아닌데도 왠지 대부분 사람들이 이 물건에 입찰하러 온 듯한 착각에 빠진다.

2억 6,000만 원에 입찰할 생각이었는데, 저쪽의 어떤 사람은 시세에서 2,000만 낮은 2억 8,000만 원을 쓸 것 같다. 이 상황에서 당신은 어찌하겠는가? 머릿속에 미리 그려 넣었던 2억 6,000만 원의 응찰가 대신, 2억 7,500~2억 8,000만 원을 쓰고 낙찰되기를 희망할 것이다. 그리고 혹시 운이 좋아서 낙찰되면 당신은 주위 사람들을 둘러보고, '내가 낙찰자야' 하는 의기양양한 미소를 지어 보일지도 모른다. 이것이 바로 그 무섭다는 '승자의 저주(Winner's Curse)'다. 다르게 표현하면 '상처뿐인 영광'이라고도 할 수 있다.

[예시] 높은 낙찰가로 인해 결국 잔금을 미납한 경우

입찰장 분위기에 현혹되지 말자

초보 경매 투자자들은 입찰장 분위기에 기가 꺾이기 십상이다. 입찰장 안의 수많은 투자 인파에 질려 즉석에서 낙찰가를 높이거나 지레 포기하기도 한다. 하지만 입찰장 분위기를 맹신하진 말자. 경매 물건의 채권자 또는 세입자나 채무자 등 이해관계인과 그 가족들도 많이 참석하기 때문이다. 또한 승자에게 가해진 저주를 피할 수 있는 길은 입찰자가 많을 때는 보다 보수적으로 입찰에 임해야 한다. 이것이 결과적으론 합리적으로 행동하는 길이다.

하지만 사람들은 합리적으로 행동하기가 쉽지 않다. 경매에서 이기기 위해서는 공격적으로 입찰가격을 써야 하는데, 한편으론 공격적인 가격은 물건의 가치를 과대평가했다는 것을 의미한다. 결국 낙찰받고 돌아서야 이성적 판단이 들며 가격이 과했음을 인정하는데 이미 물은 엎질러진 뒤다.

특히 가격의 함정에 빠지기 쉬운 종목은 상업용 부동산이다. 상가나 근린시설은 철저하게 임대수익으로 투자성을 판단해야 하는 종목이다 보니 감정가의 오류와 입지·상권분석의 실패, 임대수익률 착각으로 낭패를 당한다. 수익형 부동산의 감정가는 임대수익이 반영된 가격이 아닌, 최초 분양가로 책정된 경우가 많기 때문에 최근 분양가 추이나 주변 임대수익률을 통해 보수적인 수익률 분석을 마친 후 입찰을 결정해야 투자 실패를 줄일 수 있다.

06 낙찰받은 집이 폐문부재일 때

설렌 마음으로 입찰을 하고, 두근거리는 마음으로 개찰 결과를 기다렸다. 낙찰의 순간을 맞으면 짜릿한 마음에 날아갈 것 같다. 입찰보증금 영수증을 받고 나오는 발걸음이 가볍다. 제대로 한 건 했다는 생각에 승리감으로 도취되기도 한다. 며칠 후 해당 주택에 방문했다.

딩동.

아무 반응이 없다.

딩동, 딩동.

연거푸 현관 초인종을 눌렀지만 역시나 아무 반응이 없다. 주변을 둘러보니 현관문 앞에는 각종 등기서류가 반송됐음을 알리는 종이들이 붙어 있고, 우편함에는 우편물이 가득 쌓여 있다.

'휴, 낮이라 집에 없을 수 있지. 밤에 다시 와보자.'

스산해진 마음을 애써 다잡으며 나왔다. 사방이 어둑해진 밤, 다시 해당

> 주택을 찾았다. 초인종을 눌렀지만 역시나 인기척이 없다. 밖으로 나와 해당 호수를 살피니 불이 꺼진 채 깜깜하다. 며칠 후에 다시 찾았지만 역시나 인기척이 없다. 낙찰 당시 날아갈 듯한 마음은 저 멀리 사라진 채 마음이 무거워질 대로 무거워진 상태다.

이 사례에서 보듯, 낙찰받은 주택의 폐문부재로 점유자를 만나지 못하는 경우가 있다. 폐문부재 주택은 오히려 사람이 살고 있는 주택보다 명도가 어려울 수 있으므로 입찰 전 신중하게 판단해야 한다.

주택(부동산)은 매각으로 인해 소유권 이전을 받지만, 내부에 있는 짐(동산)은 매각 대상이 아니기에 마음대로 치울 수 없다. 따라서 통상 점유자(소유자 또는 임차인 등)와 명도 협의를 통해 내부 짐을 갖고 퇴거하길 종용하지만 사람이 거주하지 않으니 협상 자체를 시도할 수 없는 것이다.

"폐문부재 주택은 문을 따고 들어가서 짐이 별로 없으면 싹 치우면 돼."

혹시 주변에서 이런 말을 들어보진 않았는가? 간혹 명도 무용담을 늘어놓으며 이런 식으로 말하는 사람이 있다. 물론 개문했는데 짐이 전혀 없다면 이 방법이 통할 수도 있다. 하지만 개문했는데 가구며 가전제품 등 내부에 짐이 가득 있다면 어떻게 할 것인가? 게다가 분명 작은 상자 1~2개만 있고 짐이 없어서 치웠는데 나중에 점유자라고 주장하는 사람이 나타나 "상자 안에 귀금속이 있었는데 낙찰자가 가져갔다"고 주장하는 사태까지 올 수 있다. 따라서 절차대로 처리하는 게 가장 안전하다.

효과적인 내부 짐 처리 방법

우선 내부 짐은 관리사무소의 협조를 얻어 처리하는 방법과 강제집행을 통해 처리하는 방법이 있다. 전자의 방법은 관리사무소의 협조를 받아 전 소유주가 집 안의 물건을 완전히 포기했음을 확인한 후 실행할 수 있는 방법이다. 아파트 관리소장과 이웃 주민을 증인으로 입회시켜 건물 안에 있는 물건의 목록을 작성하고 물건별로 사진촬영을 한 후 물건을 아파트 지하에 보관해 처리함으로써 명도를 해결할 수 있는 방법이다.

후자의 방법은 법원 집행관을 통해 강제집행하는 방법이다. 강제집행을 하려면 먼저 인도명령신청을 한 후 결정문이 나오면 관할법원 집행관 사무실에 방문해 인도명령결정문 정본, 송달증명원, 강제집행신청서를 제출해야 한다. 따라서 아무리 인도명령결정문이 나왔어도 송달이 되지 않으면 소용이 없다. 이런 이유로 명도의 생명은 '송달'이란 말이 나오는 것이다. 송달 과정을 살펴보면, 처음엔 법원이 우체국을 통해 우편등기 송달을 보낸다.

만약 등기우편이 도달하지 않고 반송될 경우 낙찰자는 재송달보다는 특별송달을 신청하는 게 좋다. 우편송달은 집배원이 가지만 특별송달은 법원 집행관이 간다. 세 차례까지 방문하는 특별송달에도 송달이 되지 않으면, 법원 게시판에 2주간 게시함으로써 송달의 효과에 갈음하는 공시송달을 진행한다.

송달이 완료되면 집행관 계고를 통해 개문을 한다. 이때 내부에 짐이 없다면 집행관은 조서에 '공실 상태로 내부에 짐이 없음'이라고 작성하며, 자잘한 빈 박스 등만 있다면 이러한 사실도 조서에 작성한다. 이렇게 조서를 작성해놓으면 나중에 점유자가 나타나 "귀금속이 있었다"는 등의 뜬금없는 주장을 하더라도 일축되는 것이다. 만약 내부에 짐이 있다면 집행관은 점유관계를 확인(내부 물품에서 나오는 이름 등을 통해 점유자를 확인)한 후 강제집행을 실시한다. 강제집행된 동산은 물류창고에 보관되며, 일정 시점이 지난 후 압류해 처리하는 게 보통이다. 다만 이 모든 과정을 처리하는 데 시간이 많이 소요되므로, 이 물건의 등기상 채권자에게 연락해 동산압류를 종용하고, 그 채권자에게 경매를 신청하게 해 명도처리하면 빠르고 안전하다.

결과적으로 법적인 절차를 무시하고 무작정 개문하고 들어가는 등의 행동을 하면 더 큰 화를 입을 수 있으므로 조금 더 시간이 걸리더라도 법적인 절차대로 처리하는 게 가장 안전하다.

적극적인 의사표현으로 송달기간을 줄일 수 있다

장기간 폐문부재 주택인 경우 일반송달 → 특별송달 → 공시송달까지 거치면 송달기간만 2개월 가까이 소요될 수 있어 어떻게든 송달기간을 줄이는 노력이 필요하다. 현관문 앞에 잔뜩 붙은 등기우편 미배송을 알리는 종이, 우편함에 가득 든 우편물, 오랫동안 사람이 거주하지 않았음을 말하는 주변인(관리사무소 직원 등) 진술 등을 집행관에 알려 이런 내용들을 사법보좌관에게 제출해달라고 요청하면 도움이 된다.

그러면 상황에 따라 사법보좌관이 발송송달(법원이 발송한 사실로 송달간주하는 방법)이나 특별송달 없이 바로 공시송달을 지시할 수도 있다. 다만, 법원은 상대방에게 방어권을 제공하고자 송달을 매우 중요하게 여겨, 발송송달 및 바로 공시송달로 진행하는 사례는 특별한 상황에서만 허락한다. 결론적으로, 송달을 신청했다고 마냥 기다리지 말고 현장 사진 및 주변인의 진술 등을 첨부해 법원을 이해시키는 적극적인 자세가 요구된다.

07 건축물, 꼼꼼히 살펴야 낭패가 없다

　낙찰받고 가보니 예상보다 건물 상태가 형편없다면 이는 현장 조사가 잘못된 것이다. 입찰 전에는 물건에 대한 욕심으로 물건에 숨어 있는 하자를 발견하지 못했거나, 하자를 알고도 대수롭지 않게 여기고 입찰했다가 낭패를 당하는 경우가 많다.

　한 예로, 지하 1층부터 지상 3층까지 총 4개 층에 각 층 원룸 3실씩 모두 12실로 구성된 원룸 다가구주택이 경매에 나왔다고 보자. 지하층 임대료는 보증금 500만 원에 월세 30만 원이고, 지상층은 보증금 500만 원에 월세 40만 원인 것을 감안해서 12실 모두가 임대됐을 때를 가정한다. 총보증금 6,000만 원에 월세 450만 원(연간 5,400만 원)의 임대수익이 예상된다. 하지만 현장 조사를 꼼꼼히 한 결과 심각한 하자를 발견했다. 우선 지하

부분에 누수가 발생해 보수공사가 필요하고, 건물의 3층 일부가 무단증축과 불법 용도변경으로 인한 위반건축물로, 매년 이행강제금이 약 수백만 원씩 부과되고 있었다.

[예시] 지하 누수

[예시] 다중주택 불법 취사시설

특히 건물이 원룸, 다가구주택이기는 하나 신축 당시 다중주택으로 건축허가됐기 때문에 각 실에 취사시설을 둘 수 없음에도 이를 설치한 사항으로 이행강제금 부과 규모는 더 커졌다. 매년 그 정도 수준의 이행강제금이 부과되면 임대수익이 확 줄어든다. 더군다나 지하층 누수에다 실면적이 작아 주변에 경쟁력 있는 원룸이나 오피스텔이 많다면, 전 층 임대는 사실상 불가능할 것이다.

만약 이행강제금 부과를 피하려면 불법건축이나 용도변경 부분을 원상회복해야 하지만 이 방법은 위험부담이 더 크다. 3층 원룸 1개실이 없어져야 하고 원룸주택이 아니라 취사시설을 철거해 다중주택으로 원상회복해야 한다. 하지만 취사시설 없는 원룸은 인근 원룸주택과 같은 임대가를 맞출 수 없어 임대수익률이 현저히 떨어질 수 있다.

　따라서 여러 요인들을 고려해 원하는 가격이 될 때까지 유찰을 기다린 후 입찰을 해야 한다. 자세한 조사 없이 그저 임대료 환상만 갖고 입찰하면 결국 대금을 미납하거나, 대금을 납부하고도 큰 손실을 입을 수 있다. 이렇듯 경매 물건의 하자는 발품을 팔고, 또 팔아야 발견되는 물건들이 상당수 있다. 특히 임대수익을 목적으로 하는 경매 물건은 그 하자 및 하자를 치유하는 데 드는 비용이 얼마이냐에 따라 임대수익률에 미치는 영향이 지대하기 때문에 반드시 짚고 넘어가야 할 사안이다.

Part 8

부자가 될 여러분을 위한 응원 한마디

01 저축보다 투자가 먼저다

  돈을 벌려면 종잣돈이 어느 정도 있어야 한다고 생각한다. 누군가 큰돈을 벌었다고 하면 '돈이 있으니 가능하지, 나처럼 땡전 한 푼 없는 사람이 어떻게 돈을 벌 수 있어?' 하고 자책한다. 그래서 악착같이 돈을 모으려고 허리띠를 졸라매고 돈을 아끼려고 한다. 지금 당신은 그렇게 힘들게 아껴서 얼마나 모았는가? 오히려 당신의 삶은 더 괴로워지지 않았는가?

  잘살기 위해, 부자가 되기 위해 악착같이 아끼며 저축했지만 삶이 나아졌는가? 저축 덕분에 넉넉해지고 풍요로운 삶을 영위하고 있는가? 대부분은 그렇지 않을 것이다. 비싼 음식 한번 안 사 먹고, 비싼 옷 한번 산 적 없이 살아왔는데 삶이 나아지기는커녕 퇴보하고 있다.

왜 그럴까? 바로 통화량 증가에 따른 화폐가치가 하락하기 때문이다. 현재 시중 은행의 정액저축 이자율은 은행마다 약간의 차이는 있지만 보통 연 0.6%(세후) 내외다.

금융회사	상품명	세전 이자율	세후 이자율	세후 이자(예시)	최고 우대금리	가입 대상	이자계산방식
한국씨티은행	프리스타일예금	0.85%	0.72%	71,910	1.10%	제한없음	단리
광주은행	미즈월복리정기예금	0.83%	0.70%	70,486	1.03%	제한없음	복리
중소기업은행	IBK 늘푸른하늘통장	0.83%	0.70%	70,220	1.08%	제한없음	단리
농협은행주식회사	NH왈츠회전예금 II	0.81%	0.69%	68,530	0.91%	제한없음	단리
하나은행	하나원큐 정기예금	0.80%	0.68%	67,680	1.20%	제한없음	단리
국민은행	KB Young Youth 증여예금	0.75%	0.63%	63,669	0.85%	제한없음	복리
국민은행	KB골든라이프연금우대예금	0.75%	0.63%	63,669	0.95%	제한없음	복리
농협은행주식회사	e-금리우대 예금	0.75%	0.63%	63,450	1.15%	제한없음	단리
광주은행	스마트모아Dream정기예금	0.73%	0.62%	61,760	1.13%	제한없음	단리
대구은행	e-U(이유)예금(만기지급식)	0.71%	0.60%	60,070	1.26%	제한없음	단리

[예시] 정액적립식 이자율 예시   출처 : 금융상품 통합비교 공시

자본주의 사회에서 물가인상은 자연스러운 현상이다. 하지만 오른 물가 탓에 소득과 부의 분배가 불평등하게 된다. 이는 물가가 오르면 일정한 돈으로 시장에서 살 수 있는 물건의 양이 줄어들게 되기 때문이다. 다시 말해서 일정액의 급여나 연금으로 생활하는 가정은 물가가 오르면 사실상 소득이 줄어든 것과 같게 된다. 집 없는 서민들은 집값이 올라 내 집 마련이 더욱 어렵게 되어 상대적으로 더욱 가난해진다.

은행예금을 가지고 있는 사람도 물가가 오르면 이들 저축의 실제가치가 떨어지게 되므로 손해를 보게 된다. 최소한 물가상승률만큼 저축의 이자가 붙어줘야 본전인데, 실제 물가상승률에 못 미치는 이율이기 때문이다. 따라서 돈을 불려주겠거니 생각하고 통장에 돈을 넣어두는 것은 은행만 배불려주는 것이요, 앉아서 손해보는 구조다. 인플레이션에 의한 화폐가치 추락 속도가 돈을 모으는 속도보다 더 빠르기 때문에 돈을 아끼고 모아서는 부자가 될 수 없다. 반면에 물가가 오르면 건물이나 토지와 같은 부동산 소유자는 가지고 있는 부동산 가격이 올라 상대적으로 더욱 부유해진다. 이처럼 물가상승은 소득과 부의 분배를 불평등하게 만든다.

02 경제 원리를 알면 성공한 부동산 재테크다

 물가상승은 양날의 검에 비유되곤 한다. 물가가 적당히 오르는 것은 경기가 좋다는 신호다. 경제가 살아나면 가계와 기업의 소득이 늘고 수요가 증가해 물가가 오르기 때문이다. 하지만 과도하게 뛰면 소비자들의 부담이 커져 지출이 줄고 경기가 꺾일 수 있다.
 반대로 물가가 계속 떨어지면 어떤 일이 벌어질까? 경기 침체 속에 물가가 떨어지는 디플레이션 현상이 발생한다. 저물가가 장기간 지속하면 기업 매출 감소 → 성장 정체 → 소득 감소 → 소비 위축 → 저물가의 악순환을 낳을 수 있다. 이런 이유로 정부와 중앙은행은 경제 성장을 해치지 않는 범위에서 물가를 공들여 관리한다.

화폐가치 대비 수익이 얼마인가?

과거부터 현재까지 서민들의 대표적인 외식 메뉴는 자장면이다. 1960년대 자장면이 우리나라에 처음 등장했을 때 가격은 겨우 15원이었다. 그것이 1970년대 들어와서 300원, 1980년대 500원, 1990년대는 갑자기 가격이 껑충 뛰어 1,500원대, 2000년대는 2,000원대로 올랐다. 2021년 현재, 전국 자장면 평균은 한 그릇 5,000원 내외다. 30년 전만 해도 500원으로 사 먹었던 자장면이 지금의 500원으로는 자장라면도 사 먹기 힘들다. 이처럼 화폐가치는 시간이 지날수록 달라진다.

그렇다면 화폐가치가 달라지는 게 왜 중요한 걸까? 부동산에서 화폐가치가 달라진다는 걸 알아야 물가상승률과 부동산의 변화예측에 도움이 되기 때문이다. 화폐가치를 모르고 그냥 부동산이 상승한다고 해서 그 부동산이 수익을 낸다고 보장하기는 어렵다.

부동산을 제대로 파악하려면 단순 수익보다, 물가 대비 얼마 올랐는지, 투자로 돈이 묶였으니 다른 기회비용의 상실 대비 얼마의 가치를 얻었는지를 알아야 한다.

만약 당신이 10년 전에 사둔 1억 원짜리 부동산이 지금은 1억 2,000만 원이라면 수익을 냈다고 할 수 있을까? 얼핏 보면 수익을 낸 것으로 볼 수 있으나, 지난 10년이란 시간 동안 물가 역시

상승해서 화폐의 가치가 달라졌기 때문에 그만큼 물가상승을 고려하면 사실상 손해라고도 볼 수 있다. 그러므로 단지 부동산 가격이 상승했는지가 전부가 아닌, 물가상승률과 비교해서 얼마나 올랐느냐를 따져야 한다.

03 통화량 증가는 부동산 가격을 끌어올린다

우리는 흔히 돈은 많으면 많을수록 좋은 것이라 생각한다. 하지만 돈은 너무 많아도 문제가 생긴다. 화폐가 늘어나면 실물자산 가격이 올라간다. 물론 화폐의 증가속도에 맞춰 실물자산이 늘어난다면 물가상승은 일어나지 않을 것이다. 하지만 실물자산의 증가속도는 화폐의 증가속도를 따라잡을 수 없다. 화폐는 발행하면 되지만 실물자산은 그렇지 않기 때문이다.

시중에 돌아다니는 돈의 양이 너무 많을 때 발생하는 문제는 물가상승이다. 물론 단기적으로는 돈을 많이 찍어낸다고 반드시 물가가 뛰는 것은 아니다. 하지만 장기적으로는 통화량이 증가하는 만큼 물가가 상승을 하게 된다. 물가상승 때문에 역사에 이름을 남긴 나라들을 보면 한결같이 엄청난 통화량의 증가가 있었다.

　시중에 돌아다니는 돈의 양이 증가할 때 물가가 뛰는 이유는 간단하다. 예를 들어 우리나라에서 1년 동안 생산되는 것이 딱 쌀 한 가마니밖에 없고, 돈은 딱 1만 원밖에 없다고 하자. 그러면 쌀 한 가마니의 가격은 1만 원이 된다. 그런데 만약 우리나라를 부자 나라로 만들겠다고 돈을 1조 원쯤 찍었다고 하자. 돈을 아무리 찍어내도 쌀 생산량은 1년에 한 가마니로 변함이 없다. 따라서 쌀 한 가마니의 가격이 1조 원으로 뛰게 된다. 즉 우리나라가 생산하는 물질보다 많은 양의 돈을 찍어내면 물가만 뛰게 되는 것이다.

왜 통화량을 증가시키지?

　통화량이 증가하니 화폐가치가 떨어진다. 그렇다면 국가는 왜 통화량을 증가시켜 화폐가치 하락이라는 부메랑을 맞을까? 단순하게 생각하면 국가가 통화량을 고정시키거나 감소시키면, 화폐가치가 떨어지지 않고 물가도 오르지 않으니 더 살기 좋아질 것 같은데 말이다. 하지만 통화량 감소가 좋은 현상은 아니다. 경제성장이 정체되기 때문이다. 우리나라는 지금도 여전히 성장국가다. 물론 예전의 고성장 시대보다 수치가 약간 낮아지긴 했지만, 여전히 현재도 성장을 목표로 하는 국가다. 즉, 국가

입장에서 보면 아직 갈 길이 바쁘다는 이야기다. 아이가 한참 자라는 시기에 잘 먹어야 잘 크듯, 나라의 통화량 증가는 국가성장과 밀접한 관계가 있다. 돈이 돌아야 경제가 돌아가는 이치로 통화량을 줄이면 국가는 성장을 하지 못한다.

결론적으로 통화량 증가는 예정된 수순이다. 이는 화폐가치 하락을 불러오므로 우리는 최소한의 방어를 하기 위해서라도 투자를 해야 한다. 투자를 하지 않으면 앉아서 손해 보는 구조이기 때문이다. 즉, 1년 전 은행에 적금한 1,000만 원을 당장 찾는다 해도 1,000만 원+이자를 돌려주지만, 그 돈으로 1년 전에 살 수 있었던 재화를 지금은 1,100만 원을 줘야 한다면 손해 본 것이다. 1년 동안 적립된 이자는 단돈 8만 원, 결과적으로 저축했음에도 92만 원이 손해다. 그러므로 저축이 아닌 실물자산에 투자해야 한다. 그중 부동산은 물가상승에 따른 화폐가치 하락을 방어할 수 있는 대표적인 실물자산으로 꼽힌다.

04 사용가치+기대수익= 부동산 가격

　부동산은 어떻게 가격이 오르고 하락할까? 앞서 통화량 증가에 따른 화폐가치 하락으로 더 많은 돈을 지불해야 부동산을 구입할 수 있다고 말했다. 이는 순수 부동산의 가치가 상승한 것이 아닌, 화폐가치의 하락으로 상승한 것처럼 보이는 것이다. 하지만 부동산 가격은 비단 통화량의 영향만 받는 것은 아닌, 사용가치와 미래에 얻을 기대수익이 합산되어 표현된다.

　한 예로, 지하철의 노선별 가치를 판단할 때는 현재 노선이 지나가고 있는 입지가 가장 중요하다. 하지만 부동산 투자를 고려하고 있다면 내재가치뿐 아니라 지하철 노선이 신설되거나 확장되는 입지들, 즉 미래가치(기대수익)가 얼마일지 따져봐야 한다. 아직 반영이 안 된 가격이라면 저가에 매수할 수 있는 기회지만, 이미 반영된 프리미엄을 지불했는데 결과적으로 시행이 좌초된다면 미래가치가 상실된 만큼 가격이 하락해 손해로 연결된다.

기대가치가 큰 곳이 상승폭이 크다

부동산 가격은 사용가치와 기대수익의 합으로 이뤄져 있다. 한 예로 아파트를 살펴보자. 시가 10억 원인 아파트의 전세가가 5억 원이라면, 5억 원은 그 아파트의 순수 사용가치라고 인정할 수 있다. 그 아파트의 위치나 시설, 주변 환경 등을 모두 고려해서 수요자와 공급자가 인정한 사용가치의 크기다. 그러면 나머지 5억 원은 뭘까? 만약 그 아파트가 속한 사회에 지속적인 자본 유입이 생기거나 또는 투기가 발생해 아파트 가격이 상승했을 때 그 과실을 따 먹을 수 있는 권리에 대한 가격이다.

이것을 약간 확대해석하면, 자본의 유입으로 투기가 발생하고 키워나가는 시기에는, 시가 대비 전세가가 낮은 곳일수록 집값이 상승하기 쉽거나 또는 더 빠르게 상승할 가능성이 있다고 판단한다. 그만큼 더 투기적이라는 말이다.

하지만 투기 시장으로 유입되는 자본의 양이 줄어든다거나, 높은 가격으로 인한 투기 참여자들의 추가 진입이 없다면 의외로 빠른 속도로 가격이 떨어질 수도 있다. 더 오를 줄 알고 들어왔는데 나보다 더 높은 가격에 살 사람이 등장하지 않아 상투 잡은 꼴이 되는 것이다. 따라서 부동산 투자에는 시장 가격에 반영된 가치가 거품인지, 저평가인지를 판별하는 안목이 필요하다.

05 투자 vs 투기, 여러분은 어느 편인가?

투자와 투기의 차이를 아는가? 우스갯소리로 '내가 하면 투자, 남이 하면 투기'라는 말도 있고, '하라는 대로 하면 투자, 하지 말라는 것을 굳이 하면 투기'라는 말도 있다. 이처럼 투자와 투기의 경계가 모호하지만, 정의를 내리자면 '투자'는 거래하는 재화의 가치와 리스크에 대해 잘 알고 일정 부분의 손실까지 고려하는 것이다.

이에 반해 '투기'는 자신의 이성적·합리적 분석과 판단보다는 잘될 것이란 막연한 희망, 그리고 타인의 정보와 권유에 의해 오로지 수익만을 생각하며 행동하는 것을 의미한다. 단기부터 중장기까지 생각해서 계획된 행위라면 '투자'며, 오로지 단기적으로 치고 빠지는 게릴라 전술에 국한되면 '투기'라고 볼 수 있다.

"투자는 철저한 분석하에서 원금의 안전과 적절한 수익을 보장하는 것이다. 이러한 조건을 충족하지 못하는 행위는 투기다."

주식 투자의 대가 워렌 버핏(Warren Buffett)의 스승인 벤자민 그레이엄(Benjamin Graham)은 투기와 투자의 차이를 이렇게 정의했다.

그레이엄은 투자를 정의할 때 철저한 분석이 토대가 되어야 한다고 말한다. 실제로 이를 증명하듯 투자로 돈을 번 사람들의 공통점은 철저한 분석이다. 철저한 분석이 밑바탕이 되어야 시장이 요동칠 때 자신만의 관점을 유지하거나 합리적으로 변경할 수 있고, 탐욕과 공포의 시계추 사이에서 이성적인 판단을 할 수 있는 것이다.

하지만 초보자일수록 대부분 본인만의 투자 원칙보다 돈 벌었다는 사람의 투자 형태를 따라 하려는 경향이 많다. 정확한 목적 없이 단순히 돈을 벌겠다는 생각으로 찾아다니면 막상 물건을 보게 되어도 사야 할지, 말아야 할지 판단이 서지 않는다. 부동산 투자가 너무 어렵다는 분들은 대부분 자신의 투자 목적을 정하지 못한 경우가 많다.

06 자신만의 투자 목표를 세우자

　정부의 부동산 대책은 앞으로 계속 강도를 높여 나갈 것으로 보여, 막연한 기대수익과 시세차익을 바라고 '남들이 하니까 나도 한다'는 식의 투자 행태를 추종하는 것은 위험해 보인다. 이제는 부동산 투자도 다른 시각에서 접근할 필요가 있다.
　기본적으로 재테크의 원칙은 안정성 및 수익성을 종합해 자신에게 맞는 포트폴리오를 짜는 데 있다. 이를 위해선 부동산 투자에 나서기에 앞서 명확한 투자 목표를 세워야 한다.

　우선 주거용 부동산의 경우 실제로 입주할 것인가, 아니면 시세차익을 노릴 것인가 등의 투자 목적을 정해야 한다. 시세차익을 노린다면 부담해야 할 세금을 챙기는 것은 물론이고, 경제 여건에 따라 언제 얼마의 가격에 집을 팔지 따져봐야 한다. 특히 대출을 받아 부동산 투자에 나설 경우라면 대출 가능 금액을 미리 알아봐야 한다.

상가 등 상업용 부동산도 단기적인 시세차익과 권리금에 우선순위를 둘 것이 아니라, 안정적이고 꾸준한 수익을 확보할 수 있는 곳으로 눈을 돌려야 한다. 노후보장용으로 상가에 투자한다면 더욱 신경 써야 할 대목이다.

상가 투자에 임하기 전에 당장에 보이는 조건을 가지고 판단하기보다는 개발호재와 상권, 인구유입 가능성 등 미래가치를 고려해서 투자해야 한다는 기본 원칙은 꼭 지켜야 한다. 이를 위해 단순히 상권과 업종만 고려할 게 아니라 투자 수익을 좌우하는 우량 임차인을 확보할 수 있는지, 상가 시설 등에 대한 관리는 잘되어 있는지 등을 종합적으로 검토해야 한다.

상가 투자는 입지선정이 상가 가치의 절반으로, 입지의 중요성은 아무리 강조해도 지나치지 않는다. 역세권 여부, 도로망 연결 상태 및 확충 계획 등 접근성을 알아보고, 배후단지 개발계획 및 향후 인구 변화 등 성장 가능성을 먼저 따져봐야 한다. 또한 주변에 다른 상업시설이 있는지, 있다면 어떻게 연계해서 시너지 효과를 내고 생존할 수 있을 것인지도 관건이다.

가격이 적정한지도 반드시 확인해야 한다. 공급자 측의 말만 듣고 결정하지 말고, 부동산 중개업소나 상인들을 직접 방문해 시세를 조사하는 것이 중요하다. 경쟁 입찰인 경우, 분위기에 휩쓸려 높은 가격으로 매입하는 경우가 있는데 이는 절대 피해야 한다. 대단지 아파트 상가의 목이 좋은 1층 점포는 내정가의 2배 이상으로 낙찰이 되는 경우도 있다. 내정가의 약 150%를 넘어 분양을 받으면 투자 매력을 찾기가 힘든 것이 일반적이다. 반면 상대적으로 너무 저렴한 곳은 지하나 고층 또는 후미진 곳에 있어 애물단지로 전락할 확률이 높다.

07 초심자의 행운을 조심하라

'초심자의 행운(Beginner's Luck)'이란 말이 있다. 처음 투자를 시작할 때는 조심스럽기도 하고 기본에 충실하기 때문에 수익을 올리기도 하며 어쩌다 생각지도 못한 대박도 맞을 수 있다. 그렇게 생각지도 않게 행운을 맞이하면 그것이 행운이 아니라 본인의 실력이라고 착각해서 이후에는 더욱 과감하게 투자를 하게 된다. 초심자의 행운이 무서운 것은 자기 자만이나 탐욕에 쉽게 빠질 수 있기 때문이다. '나는 남들과 다르다'는 생각을 가지며, 자신에게 온 행운에 겸손하기보다 당연시하게 된다. 그러다 실패가 반복되면 성과에 쫓기게 되고, 무리수를 두다가 패가망신으로 끝날 수 있다.

영화〈타짜〉를 보면 도박꾼들은 초보자들에게 처음 한두 판을 져주는 식으로 점차 도박판을 키운 뒤 한꺼번에 덤터기를 씌

우는 수법을 종종 쓰는데, 이 경우가 그런 패가망신의 대표적인 예라 할 수 있다.

꽃길만 걸을 줄 알았던 초보 투자자

초보 투자자는 투자 시점을 경기 고조기에 선택한다. 경기가 하락하고 자산가치가 떨어질 때 투자에 뛰어들 초보 투자자는 없다. 부동산 가격이 지나치게 하락했다고 판단하고, 부동산을 사들이는 사람은 기존에 투자 경험이 있는 베테랑 투자자다. 초보 투자자는 더 떨어질까 두렵기 때문에 이 시기에 진입하지 못한다.

처음 투자에 뛰어드는 사람은 대개 주변 사람들의 흥분에 전염된다. 주변의 투자 성공담은 우리를 들뜨게 만든다. 따라서 초보 투자자가 첫 투자를 결심하는 것은 경기가 고조되고 시장이 한껏 부풀어 오를 때다. 그러므로 단기 투자로 수익을 낼 가능성이 크다. 난생처음 투자를 했는데 수익을 맛본 당신은 점점 더 대담해진다. 이제껏 이런 세상을 모르고 열심히 직장만 다녔던 지난날이 후회될 정도다. 초심자의 행운이 온 것이지만, 아직 당신은 이게 결과적으로는 불행인지를 모른다(만약 당신이 부동산이든, 주식이든 처음 투자에 실패했다면 더 이상 관심을 갖지 않았을 것이며, 결과적으로 손해도 적었을 것이다).

초기 단기 투자로 성공을 경험하면 행운에 도취되어 그것을 실력이라고 믿기 시작한다. 1,000만 원, 2,000만 원을 투자해 100만 원, 200만 원 벌었던 당신은 점점 대담해져 있는 돈, 없는 돈 끌어다가 1억 원, 2억 원을 투자하며 판을 키운다. 조심하며 두려워했던 초보자의 모습은 온데간데없고 거만하고 도도한 표정으로 바뀔 때쯤, 상승의 꼭지를 찍은 시장(더 오를 것이라고 믿었으므로 꼭지라고 생각지 않았을 것이다)은 하락세로 전환되며 시장 분위기가 급랭해 매수 수요가 사라진다.

초보 투자자는 장기 투자하는 것도 어렵다. 실력이 아닌 감으로 하는 투자기에 더 떨어질까 두렵기 때문이다. 부동산 투자를 5건 해서 모두 돈을 벌었는데, 6건 만에 손해를 봤다면 결과적으로 4건은 이익을 본 것일까? 그렇지 않다. 5건의 이익을 모두 날리고도 빚이 남을 수 있는 곳이 바로 투자의 세계다. 꽃길만 걸을 줄 알았는데 가시밭길임을 뒤늦게 깨닫는 것이다.

위대한 투자자들을 보면 겸손하다는 공통점이 있다. 아이러니하게도 돈을 번 것을 두고도 실력이라고 하기보다는 운이 좋았다는 말로 대신한다. 정말로 실력이 있는 사람이 실력을 운으로 돌리고, 운이 좋은 사람이 행운을 실력으로 착각한다. 따라서 당신이 초심자의 행운에 빠지지 않길, 운이 아닌 실력으로 승부하기를 바란다.

사업가 마인드를 갖자

사업가가 급여생활자보다 투자를 더 잘하는 이유는 돈이 많아서가 아니다. 그들은 치열한 경쟁의 삶을 살고 있기에 투자에 대한 노력도 치열하다. 또한, 변화를 잘 받아들인다. 사업을 하면서 얼마나 세상의 변화가 심한지 봐왔기 때문이다. 이들은 첫 투자에서 실패한다 해도 개의치 않는다. 투자 세계에서는 성공할 수도, 실패할 수도 있다는 것을 익히 알기 때문이다. 반면 급여생활자들은 대체로 투자에 1~2번 실패하면 손을 떼는 경우가 많다. 한정적인 자금 사정 때문이겠지만, 본인 기준으로 큰돈을 투자했으니 실패한다면 당연히 심한 좌절이 온다. 하지만 이도 받아들여야 한다.

사업에서 실패하지 않고 오랜 기간 성공해온 사업가를 거의 본 적이 없다. 실패 끝에 성공을 쟁취하며 성공을 유지하기에도 엄청난 노력이 들어간다. 그만큼 사업가는 치열하다. 고난을 겪으면서 성장한 실력은 고난을 겪지 않은 사람들에 비해 경험치가 높다.

사업가는 많은 경험을 바탕으로 이성적인 논리와 판단으로 투자 여부를 결정한다. 하지만 경험이 없고 감성적인 사람들은 모든 것이 잘되리란 헛된 믿음을 갖고 투자를 한다. 이러면 좋은 결과를 얻을 수 없다. 여러분은 어떠한가? 낙관적인 태도로 투자했다가 돈만 잃고 쓸쓸히 빠져나가는 투자자가 되지 않도록 확고한 이성과 냉철한 판단력으로 투자에 임했으면 한다.

08 돈을 못 버는 사람은 이유가 있다

　부동산 관련 업종에 종사하게 된 후 수많은 사람들을 상담하고 만나면서 한 가지 분명한 사실을 알게 됐다. 그들 모두 부동산으로 돈을 벌기를 바라고 있었지만, 신기하게도 왜 돈을 벌지 못하고 있는지 그 이유를 정확히 알지 못하고 있는 것이었다. '운이 없어서' 또는 '시기를 잘못 만나서', '돈이 없어서' 등이 그들이 내세우는 이유였다.

　하지만 이는 근본적인 이유가 되지 못한다. 운 탓으로 돌리기엔 너무 추상적이다. 공부하지 않은 학생이 시험에서 떨어진 후 마치 '운이 없어서'라고 말하는 것과 같다. 또한 같은 시기에 태어났음에도 누구는 투자에 성공을 하고, 누구는 실패한다. 사람들은 많은 돈이 있어야 투자가 가능한 것이라고 여기나 적은 돈으로도 얼마든지 굴려 큰돈을 만들어낸 사람들이 많다.

배움이 없는 투자 경험은 위험하다

　주위 사람 말에 의지해 부동산을 샀다면 가격이 올라도, 내려도 정작 본인은 그 이유를 알 수 없다. 소개한 쪽은 가격이 올라갈 것이라는 나름의 예측 근거를 갖고 있을 것이다. 하지만, 소개받은 쪽은 대개 그런 근거는 무시하고 '저 사람이 말하는 것이니 틀림없다'고 굳게 믿어버린다.

　이유를 모르기 때문에 돈을 벌고 잃는 것은 그때그때 운에 지나지 않아 완벽한 도박이라고 할 수 있다. 일부 사람들은 '근거 없는 도박을 했다고 반드시 손해 본다는 법은 없다'고 생각할지도 모른다.

　물론 그중에는 수익을 얻는 경우도 있다. 그러나 이것은 실력이 바탕이 된 수익이 아닌 그저 운에 지나지 않은 수익이므로, 다음 투자에도 성공하리라곤 장담하지 못한다. 더군다나 이미 승리에 심취한 투자자는 더 큰 수익을 목표로 베팅을 하는 경우가 많아 결과는 더욱 위험천만하다. 카지노에서 운만 믿고 과감한 베팅을 한 도박자들의 결말을 잘 알 것이다.

　어떤 일을 진행할 때, 과거에 실패한 경험이 많은 사람보다 성공한 경험이 많았던 사람이 확실히 자신감이 넘친다. 뇌 과학자에 따르면 '들은 것은 잊어버리고, 본 것은 기억하며, 한 것은 이해한다'고 한다. 이런 의미에서 처음에는 크고 대단한 일이 아닌 일상생활에서 사소한 목표라도 매일 달성하는 경험을 쌓는 게 중요하다.

　투자도 마찬가지다. 처음에는 작은 경험을 쌓아나가면서 성공 경험을 쌓는 것이 중요하다. 사회적으로 성공한 사업가들이 다음에 다른 사업을 할 때도 계속해서 성공할 확률이 높은 이유는 그동안 성공의 경험을 축적한 내공이 있기 때문이다. 더불어, 소중한 내 돈이 들어가는 부동산 투자에서 주체적으로 행동하는 게 좋다. 줏대 없는 투자는 '왜 돈을 벌었는지', '왜 돈을 잃었는지' 알지 못한 채 그저 운 탓이란 말을 되뇌일 뿐이다.

09 상상하면 부자가 될 것이다

 상상만으로 근육을 움직이고 질병을 치유하는 것이 가능할까? 정답은 '그렇다'다. 뇌과학자들의 연구 결과에 따르면, 우리가 무엇을 상상할 때와 그 일을 실제로 할 때 유사한 부분의 뇌 상태가 활성화된다. 우리의 뇌가 현실과 상상을 구별하지 않고 동일하게 처리한다는 것을 밝혀낸 것이다.

 실제 한 연구에서 운동하는 상상만 한 그룹과 실제 운동을 한 그룹의 근력 증가율을 비교했는데, 상상한 그룹의 근력증가율은 24%로 실제 운동을 한 그룹의 28%와 단 4%밖에 차이가 나지 않았다. 운동을 하지 않은 그룹은 0%의 근력증가율로 볼 때 상상만으로도 상당한 효과를 낼 수 있다는 점을 알 수 있다. 이런 점에 착안해 프로 운동선수들은 이미지 트레이닝을 통해 수없이 상황을 반복해서 연습한다.

부자되는 상상을 하자

　부동산 재테크도 마찬가지다. 세상에는 눈에 보이는 것과 눈에 보이지 않는 것이 있는데, 눈에 보이지 않는 게 더 중요하고 강하다. 뿌리가 썩은 나무에 아무리 물을 줘봤자 열매를 맺지 않듯, 열매를 얻기 위해선 눈에 안 보이는 뿌리부터 점검해야 한다.
　돈도 마찬가지다. 눈에 보이는 돈을 벌려면 눈에 보이지 않는 생각(마인드)을 점검해야 한다. 생각은 느낌을 낳고, 느낌은 행동을 낳고, 행동은 결과를 낳는다.

　부자가 되려면 돈을 사랑하고 부자들을 사랑해야 한다. 하지만 부자들을 미워하는 사람이 많다. 부자를 싫어하기 때문에 가난한지, 가난하기 때문에 부자를 싫어하게 되는지에 대한 정답은 없지만 어쨌든 부자를 사랑해야 한다. 돈을 추구하는 것을 죄스럽게 여기는 사람들도 있지만, 이런 죄의식에서 벗어나야 한다. 돈은 남을 돕는 수단이라는 것을 상기하자. 돈을 많이 벌어서 좋은 일을 마음껏 하자고 다짐하자.

10. 변화를 즐기면 성공이 가까워진다

사람들은 변화를 두려워한다. 가장 큰 이유는 새로운 것에 대한 두려움 때문이다. 어떤 종류든 변화에 따른 집착이 생기는 이유는 바로 변화를 받아들이지 못하기 때문이다. 분명 떨치고 일어나면 새로운 기회가 열릴 것을 알면서도 현실에 안주해 오직 시간을 보내는 사람이 많다. 그들은 계속 투덜거리면서 자신이 그래야만 하는 온갖 이유를 다 수집하지만 진짜 이유는 하나다. 행동해야 하는 변화가 두렵기 때문이다.

경매 투자도 마찬가지다. 우리 주변에는 투자하기를 극도로 꺼리는 사람들이 의외로 많다. 투자하지 않는 사람들은 투자에 대해 막연한 불안감을 느끼고 평범한 직장을 벗어나는 것을 두려워한다. 이들은 자신이 일궈온 생활에 안주하고 더 이상의 새로운 일에는 무관심하거나 또는 두려워한다. 투자의 리스크만을 나열해 자기합리화하려는 경향이 강하며, 투자에 대한 실천 마인드가 부정적이다. 이들은 투자를 하지 않았기 때문에 투자에 대한 실패의 걱정은 없더라도 투자로 인한 어떤 값어치나 보상을 기대할 수도 없다. 그저 매일의 일상만 영위하다가 더 나은 기회를 놓치는 경우가 많다.

반면, 경매 투자에 적극적인 사람들은 투자가 부를 가져다 줄 것임을 믿고, 종잣돈 마련하기를 좋아한다. 모든 투자가 다 성공하는 건 아니므로 실패의 확률을 낮추기 위한 노력한다. 투자 리스크 관리를 우선적으로 생각하며 성실하고 열정적인 사람들과 어울리길 좋아한다.

누구나 새로운 것에 대한 막연한 불안감과 두려움이 있다. 하지만 이러한 불안감과 두려움 때문에 현실에 안주하다 보면 그만큼 후퇴할 수밖에 없다. 누구든 지는 싸움을 원하진 않는다. 다만 지는 게 두려워 더욱 성장할 수 있는 대결 자체를 포기한다면 더 나은 삶은 없다. 투자도 마찬가지다. 불안과 두려움을 극복하고 성공한 투자자들의 마인드로 새로운 것에 과감히 맞선다면 성공의 길이 그만큼 가까워질 것이다.

| 에필로그 |

연은 역풍에 가장 높이 난다

위기에 처하면 많은 사람이 절망과 좌절에 빠진다. 하지만 이 고통이 당사자에게 독이 되는 것만은 아니다. 지금 처한 상황이 오히려 몰랐던 문제를 해결하고 숨어 있는 내 재능을 발휘하는 기회가 되기도 한다. 위기라는 말은 '위태할 위(危)'와 '기회 기(機)'자가 만나 이뤄진 단어다. 즉, 위기란 나쁜 것만이 아니라 발전과 쇄신의 기회가 된다는 뜻이다. 윈스턴 처칠(Winston Churchill)은 "연은 순풍이 아니라 역풍에 가장 높이 난다"고 말했다.

미국 작가 오 헨리(O. Henry)의 단편소설 《마지막 잎새》는 병에 걸린 아이가 천둥 번개에도 떨어지지 않는 마지막 잎새를 보며 회복하고 희망을 거는 이야기로 전 세계적으로 유명한 대표적인 단편소설이다. 하지만 작가 오 헨리가 이 단편소설을 쓰던 시기는 좋은 환경이 아니었다. 그의 본명은 오 헨리가 아니라 본래 '윌리엄 시드니 포터(William Sydney Porter)'였다. 그는 일찍 부모님을 여의고 불우한 어린 시절을 보냈다. 결혼 후, 텍사스의 오스틴 은행에서 일하다가 공금횡령죄로 5년 형을 선고받고 형무소에 수감됐다. 그의 감옥생활은 눈물과 후회로 가득했다.

수감생활을 하며 세상에는 수많은 사연과 범죄, 어려운 환경 속에서 고통받는 사람들이 많다는 사실을 깨달았다. 그는 그곳에서 들은 이야기들을 글로 쓰기 시작했다. 자신의 숨어 있는 재능을 일깨우고 어려움에 처한 사람들에게 용기를 주는 글을 썼다. 글이 완성된 후 책을 발표하고 싶었으나 아빠가 감옥에 있다는 사실을 모르는 어린 딸 때문에 자신의 이름을 밝힐 수가 없었다. 그래서 본명을 감추고 오 헨리라는 가명으로 출간을 했고, 그의 소설은 경제난과 암울한 사회 분위기와 맞물려 미국 전역에서 큰 인기를 얻었다. 《마지막 잎새》는 바로 그의 절망과 좌절 속에서 탄생한 것이다. 이렇듯, 위기 속에서 또 다른 성공의 가능성을 발견할 수 있다. 어떠한 어려운 상황에 처하더라도 자신이 포기하지 않고 최선을 다해 상황에 맞는 기지를 발휘한다면 위기를 벗어날 수 있다. 넘지 못하는 위기란 없다. 다만 그 위기를 어떻게 받아들이고, 어떤 길을 선택하느냐의 결정에서 시작될 뿐이다.

　부동산도 마찬가지다. 갈수록 가중되는 부동산 규제 정책으로 시중의 자금이 갈 곳을 헤매고 있다. 오를지, 떨어질지 한 치 앞도 분간하기 어려워 사람들이 당황하고 있다. 하지만 이럴 때일수록 기회가 빛나는 법이다. 사람들이 혼란스러워 할 때 공략해야 할 돈 되는 부동산은 분명 있다. 그 부동산을 알아볼 수 있는 안목을 갖는 게 포인트다. 모래 속의 진주처럼 숨어 있는 가치의 물건을 찾을 수 있도록 필자가 적극적으로 도울 것이다. 같이 가면 멀리 갈 수 있다.

월세 보증금으로 부동산 산다
반값 생활 경매 솔루션 -사례 편-

제1판 1쇄 2021년 6월 15일

지은이 신기선
펴낸이 서정희 **펴낸곳** 매경출판㈜
기획제작 ㈜두드림미디어
책임편집 이향선 **디자인** 디자인 뜰채 apexmino@hanmail.net
마케팅 강윤현, 신영병, 이진희, 김예인

매경출판㈜
등 록 2003년 4월 24일(No. 2-3759)
주 소 (04557) 서울시 중구 충무로 2(필동 1가) 매일경제 별관 2층 매경출판㈜
홈페이지 www.mkbook.co.kr
전 화 02)333-3577
이메일 dodreamedia@naver.com
인쇄·제본 ㈜M-print 031)8071-0961
ISBN 979-11-6484-242-1 (03320)

책 내용에 관한 궁금증은 표지 앞날개에 있는 저자의 이메일이나
저자의 각종 SNS 연락처로 문의해주시길 바랍니다.

책값은 뒤표지에 있습니다.
파본은 구입하신 서점에서 교환해드립니다.

부동산 도서 목록

   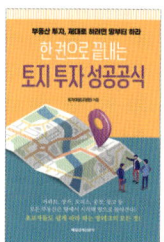

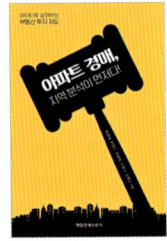

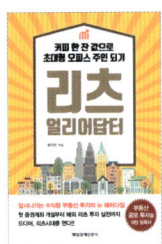   

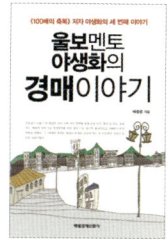

㈜두드림미디어 카페(https://cafe.naver.com/dodreamedia)
Tel : 02-333-3577　E-mail : dodreamedia@naver.com